33개 꿀잼 영어댓글로

댓글영어

단숨에 따라잡기

전은지

MENT⊙RS

33개 꿀잼 영어댓글로
댓글영어 단숨에 따라잡기

2018년 11월 19일 인쇄
2018년 11월 26일 발행

지은이   전은지
발행인   Chris Suh
발행처   **MENT⊘RS**

경기도 성남시 분당구 분당로 53번길 12 313-1
TEL 031-604-0025   **FAX** 031-696-5221
www.mentors.co.kr
blog.naver.com/mentorsbook

Play 스토어 및 App 스토어에서 '멘토스' 검색해 어플다운받기

등록일자   2005년 7월 27일
등록번호   제 2009-000027호
I S B N   979-11-86656-68-6
가 격   15,000원(MP3 무료다운로드)

머리말

★ ★ ★ ★ ★

"솔직히 말해서 신문 기사보다 기사에 달린 댓글이 더 재미있지 않나요?"

영자 신문이나 잡지의 기사를 읽으며 영어 공부를 하는 분들이 많습니다. 글을 잘 쓰는 기자가 문맥과 상황에 어울리는 적당한 표현과 단어로, 문법과 구두점까지 정확하게 사용하여 서론, 본론, 결론 구성에 맞추어 쓴 기사는 대단히 훌륭한 영어 학습 자료입니다.

이에 반해 그 훌륭한 기사에 달린 댓글은 엉망인 경우가 많습니다. 문법이 틀린 건 제쳐두더라도, 대소문자 구분, 띄어쓰기, 마침표나 콤마 같은 구두점 사용은 물론이요, 심지어 철자가 틀린 경우도 흔합니다. 이 말이 왜 여기에 있나 싶을 정도로 말도 안 되는 내용, 남들이 사용하지 않는 과도하게 참신한, 한 마디로 이상한 표현도 많습니다.

그도 그럴 것이, 댓글을 쓰는 대부분의 사람들은 기자도 작가도 아닙니다. 이들의 글이 기사처럼 활자화되기 전에 누군가 교정을 봐주는 것도 아닙니다. 그저 기사를 읽고 지극히 개인적인 자신의 생각을 짧은 몇 문장으로 표현해 댓글란에 올릴 뿐입니다. 보통은 댓글을 올리기 전에 어떤 식으로 표현할까 오래 고민하지도 않고, 쓴 다음에 제대로 된 문장인가 또는 오타가 있나 살펴보지도 않습니다.

그런데도 잘 훈련받은 기자가 시간과 공을 들여 쓴 훌륭한 기사보다 댓글이 더 재미있습니다. 짧아서 읽는데 부담도 없고, 가방끈이 길어야 알 수 있는 어려운 표현이나 전문 용어도 많지 않습니다. 무엇보다 유머와 위트가 넘칩니다. 편집자나 '윗선'의 눈치를 볼 필요 없이 하고 싶은 말을 시원하게 표현한 댓글은 읽는 이에게 통쾌함을 선사하기도 합니다. 다소 거칠고 때로는 민망한 수준의 상스러운 표현도 있지만, 기본적으로 대중의 마음과 생각이 정직하게 표현되어 있습니다.

그래서 이 책은 훌륭하거나 올바른 영어는 아니지만, 재치와 센스가 넘치는 댓글로 영어를 공부해보자고 제안합니다. 여러 가지 사건과 사고에 대해 일반 대중은 어떻게 생각하는지, 그들의 생각을 어떻게 표현하는지 알아보면서 대단히 실용적이고 실질적인 현실 영어를 접할 수 있을 것입니다.

SNS를 통해 전보다 더욱 가까워진 지구촌 시대에 영문 기사나 글, 외국의 페이스북, 트위터, 인스타그램에 이 책에서 익힌 다양한 구문과 표현을 사용하여 직접 댓글을 달아보면 영어가 더 친숙해지고 영어 공부의 재미도 더해질 것입니다.

1 33개의 흥미로운 영문기사에 달린 재미나고 영어학습에 도움이 되는 댓글들을 모았다.

2 각각의 기사에는 4-11개의 영어댓글이나 대댓글이 달려 있다.

3 영어댓글에는 우리말과 그 의미를 친절하게 정리하였으며 또한 기억해두어야 하는
   영어표현들을 예문과 함께 정리하였다.

4 끝으로는 SNS시대의 필수인 댓글을 영어로 직접 달아보는 연습을 해볼 수 있다.

5 모든 영문은 생생하게 네이티브의 목소리로 들을 수가 있다.

1 **Episode**
   33개의 영문기사에 달린 댓글은 Episode라는 이름으로 001-033까지 이어진다.

2 **도대체 무슨 내용일까?**
   각 Episode의 영문기사에 어떤 내용이 실려있는지 간략하게 우리말로 요약 정리하였다.

3 **Words & Phrases**
   댓글을 더욱 쉽게 접근할 수 있도록 댓글에 나오는 단어나 구 등을 미리 정리하였다.

4 **네티즌 왁자지껄 어떤 댓글이 달린 걸까?**
   네티즌들이 실제로 쓴 댓글과 대댓글을 넘버링을 해서 일목요연하게 정리하였다.

5 **알고보면 너무 쉬운 영어댓글**
   네티즌들이 쓴 댓글의 우리말과 댓글에 포함된 문화적 요소 및 영어학습에 도움이 되는 표현들을 자세히
   수록하였다.

6 **SNS시대필수, 영어로 댓글 써보자!**
   각 Episode 마지막에는 앞서 읽으며 학습한 표현을 예문의 빈칸을 채우며 복습하며 마무리한다.

Please Read First

1 댓글이 주요 학습 자료이기 때문에 기사 자체는 수록하지 않았고 대신 해당 기사의 내용이 요약되어 있다.

2 댓글의 특성상 대소문자 구분을 하지 않거나, 구두점이 맞지 않는 경우, 또한 회화에서 말하듯 주어를 생략하고 쓴 경우
   는 고치지 않고 그대로 실었다. 다만 기본적인 문법이 틀린 경우, 이를테면 3인칭 단수 주어의 현재 시제인데 have를 쓴
   것과 같은 경우는 맞게 고쳤다.

3 또한 문법에 어긋나지는 않지만 표현이 어색하거나 댓글을 쓴 사람이 만든 것 같은 표현 등은 댓글에서만 볼 수 있는 재
   치와 위트를 살펴볼 수 있어서 그대로 살렸다.

이 책을 쉽게 보는 법

Episode 기사 제목

한눈에 보는 기사에 대한
간략한 내용요약

미리 알고 들어가는
영어표현들

네티즌이 쓴 살아있는 댓글과 대댓글

직접 써보며
영어댓글과 친해진다.

영어댓글의 의미, 문화, 사회적
Tip 그리고 어학적 표현을 정리함

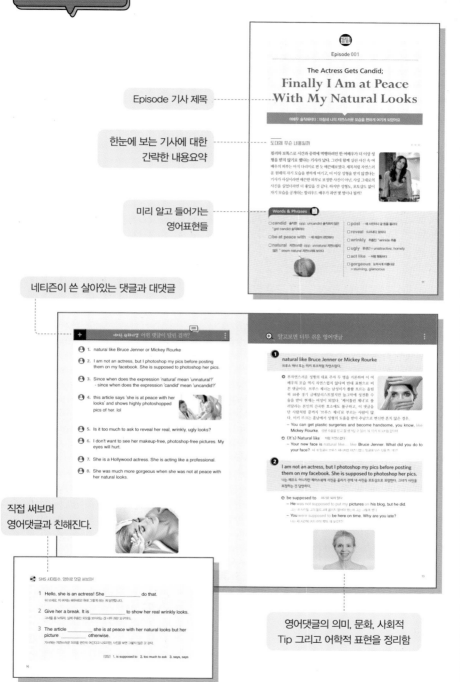

contents

Episode 007

> Child Marriages In the US

미국에서 어린이가 결혼을?

 Episode 008

> Faecal Bacteria Found in Expensive Coffee
> Chains' Iced Drinks

고급 커피 체인점의 아이스 음료에서 분변성 세균 발견

 Episode 009

> Plus Size Woman Stands up for Herself :
> 'My Body Is None of Your Business!'

비만 여성 당당하게 맞서다 '내 몸은 당신이 상관할 바 아닙니다!'

 Episode 010

> A Stylish Iraqui Model Murdered for Looking
> Awesome

멋진 이라크 모델, 근사해 보여서 살해당하다

 Episode 011

> Cat Killer Sentenced to 16 Years in Jail for Stealing,
> Torturing and Killing 21 cats

21마리의 고양이를 훔쳐 고문하고 죽인 혐의를 받은 고양이 살해범, 16년 형을 선고받다

 Episode 012

> Married Couples Must Have Separate Bank
> Accounts. Here's Why

결혼한 부부는 통장을 따로 관리해야 한다. 그 이유는...

 Episode 013

> Three-year-old Toddler Beaten to Death over Math
> Lesson

3살 여아, 수학 공부하다 맞아 죽다

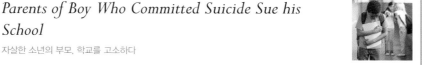

Episode 021

Jolie Doesn't Enjoy Being Single

안젤리나 졸리, 싱글이 달갑지 않다

 Episode 022

Size 0 Models Are Out!

깡마른 모델 퇴출!

 Episode 023

The Latest Korean Beauty Trend, Glass Skin

최신 한국의 아름다움 트렌드, 유리 피부

 Episode 024

Teen Kills Mom After She Said He Couldn't Keep a Puppy

강아지를 키울 수 없다는 엄마 말에 십대 소년 엄마를 살해하다

 Episode 025

Educate Your Children!

애들 교육 좀 시키시오!

 Episode 026

The Danger of Tattooing an Eyeball

눈알 문신의 위험

 Episode 027

After Being Under the Knife, They Were Unrecognizable

성형 수술 후 알아볼 수 없게 되다

Episode 028

As You Already Knew, Instant Ramen Noodles Are Unhealthy

다들 알겠지만, 즉석 식품 라면은 해롭다

Episode 029

Young Parkistani Bride Accidentally Killed 17 Family Members

파키스탄의 젊은 신부, 실수로 17명의 가족을 살해하다

Episode 030

British Woman Faces Death Penalty for Bringing Painkillers to Egypt

영국 여성, 이집트에 진통제를 가져갔다가 사형에 직면하다

Episode 031

Twenty-six Teen Girls Found Dead in the Mediterranean

지중해에서 26명의 십대 소녀들 시신 발견되다

Episode 032

Seven Signs That You May Be a Sociopath

당신이 반사회적 인격 장애인일 수도 있는 일곱 가지 징후

Episode 033

Mom Kept HIV a Secret and Her Whole Family Tested Positive

HIV 보균 사실을 숨긴 어머니, 가족 모두 HIV 양성 판정 받다

The Actress Gets Candid;
Finally I Am at Peace
With My Natural Looks

여배우 솔직해지다 : 마침내 나의 자연스러운 모습을 편하게 여기게 되었어요

도대체 무슨 내용일까

필러와 보톡스로 시간과 중력에 역행하려던 한 여배우가 더 이상 성형을 받지 않기로 했다는 기사가 났다. 그런데 함께 실린 사진 속 여배우의 피부는 마치 다리미로 편 듯 매끈해보였다. 제목처럼 자연스러운 원래의 자기 모습을 편하게 여기고, 더 이상 성형을 받지 않겠다는 기사가 사실이라면 매끈한 피부로 보정한 사진이 아닌, 사실 그대로의 사진을 실었더라면 더 좋았을 것 같다. 하지만 성형도, 포토샵도 없이 자기 모습을 공개하는 할리우드 배우가 과연 몇 명이나 될까?

Words & Phrases

☐ **candid** 솔직한 *opp.* uncandid 솔직하지 않은
  *get candid 솔직해지다

☐ **be at peace with** ⋯에 마음이 편안하다

☐ **natural** 자연스러운 *opp.* unnatural 자연스럽지
  않은 * seem natural 자연스러워 보이다

☐ **post** ⋯에 사진이나 글 등을 올리다

☐ **reveal** 드러내다, 밝히다

☐ **wrinkly** 주름진 *wrinkle 주름

☐ **ugly** 못생긴 = unattractive, homely

☐ **act like** ⋯처럼 행동하다

☐ **gorgeous** 눈부시게 아름다운
  = stunning, glamorous

11

1. natural like Bruce Jenner or Mickey Rourke

2. I am not an actress, but I photoshop my pics before posting them on my facebook. She is supposed to photoshop her pics.

3. Since when does the expression 'natural' mean 'unnatural?'
   - since when does the expression 'candid' mean 'uncandid?'

4. this article says 'she is at peace with her looks' and shows highly photoshopped pics of her. lol

5. Is it too much to ask to reveal her real, wrinkly, ugly looks?

6. I don't want to see her makeup-free, photoshop-free pictures. My eyes will hurt.

7. She is a Hollywood actress. She is acting like a professional.

8. She was much more gorgeous when she was not at peace with her natural looks.

1

natural like Bruce Jenner or Mickey Rourke

브루스 제너 또는 미키 루크처럼 자연스럽다.

✪ 부자연스러운 성형의 대표 주자 두 명을 거론하며 이 여배우의 모습 역시 자연스럽지 않다며 반대 표현으로 비꼰 댓글이다. 브루스 제너는 남성미가 좔좔 흐르는 올림픽 10종 경기 금메달리스트였지만 늘그막에 성전환 수술을 받아 현재는 여성이 되었다. '케이틀린 제너'로 불러달라는 본인의 간곡한 호소에도 불구하고, 이 댓글을 단 사람처럼 끝까지 '브루스 제너'로 부르는 사람이 많다. 미키 루크는 훈남에서 성형의 도움을 받아 추남으로 변신한 흔치 않은 경우.

– You can get plastic surgeries and become handsome, you know, like Mickey Rourke. 성형 수술을 받고 잘 생겨질 수 있어. 뭐, 미키 루크처럼 말이야.

⟳ (It's) Natural like …처럼 자연스럽다
 – Your new face is natural like… like Bruce Jenner. What did you do to your face? 네 새 얼굴이 브루스 제너처럼 자연스럽다. 얼굴에 무슨 짓을 한 거야?

2

I am not an actress, but I photoshop my pics before posting them on my facebook. She is supposed to photoshop her pics.

나는 배우도 아니지만 페이스북에 사진을 올리기 전에 내 사진을 포토샵으로 보정한다. 그녀가 사진을 보정하는 건 당연하다.

⟳ be supposed to …하기로 되어 있다
 – He was not supposed to put my pictures on his blog, but he did.
   그는 내 사진을 그의 블로그에 올리지 말아야 했는데 그는 그렇게 했다.
 – You were supposed to be here on time. Why are you late?
   너는 제 시간에 여기 와야 했어. 왜 늦었지?

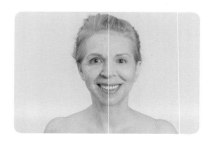

3

**Since when does the expression 'natural' mean 'unnatural?'
- since when does the expression 'candid' mean 'uncandid?'**

언제부터 '자연스러운'이란 표현이 '부자연스러운'의 의미가 되었지?
　─ 언제부터 '솔직한'이란 표현이 '솔직하지 않은'의 의미가 되었지?

🔵 since when~ ? 언제부터 …이게 되었는가?
　─ Since when **were you the one in charge?** 언제부터 당신이 책임자였어?
　─ Since when **did that actress get candid? It's impossible for her to get candid.** 저 배우가 언제부터 정직해졌어? 그녀가 정직해지는 건 불가능한데.

4

This article says 'she is at peace with her looks' and shows highly photoshopped pics of her. lol

이 기사는 그녀가 '자기 외모를 편하게 받아들인다'고 하면서 엄청나게 포토샵을 한 사진을 올렸네. 완전 웃김.

🔵 The article says~ 기사에 …라고 나오다
　This report says~ 이 보고서에 …라고 나오다
　The picture you gave me says~ 네가 나에게 준 사진에 의하면 …이다
　─ The article **you wrote** says **Caitlyn Jenner is pretty. Explain.**
　　네가 쓴 기사에 케이틀린 제너가 예쁘다고 되어 있어. 설명 좀 해 봐.
　─ The test result says **you don't have to take medicine.**
　　검사 결과에 당신은 약을 복용할 필요가 없다고 나온다.

🔵 be at peace with …와 편하다, …를 편하게 (만족하게) 여기다
　─ How can I be at peace with **my life?** 어떻게 하면 내 삶에 만족할 수 있는가?

🔵 lol = Laugh Out Loud 소리 내어 웃을 만큼 웃다
　─ It's a total LOL **moment.** 이건 대단히 웃긴 순간이다.

5

Is it too much to ask to reveal her real, wrinkly, ugly looks?

주름지고 못생긴 실제 얼굴 좀 드러내라는 게 뭐 그리 과한 요구인가!

🔵 Is it too much to ask to+동사? …을 요구하는 게 뭐 그리 대단한 요구인가?(의문문, 감탄문)
　It is too much to ask of+사람 to+동사 누구에게 …하라는 건 너무 과하다[심하다](평서문)
　─ It was too much to ask of **her to eat only 5 times a day.**
　　그녀에게 하루에 겨우 5번만 먹으라고 요구한 건 너무 심했다.

6

I don't want to see her makeup-free, photoshop-free pictures.
My eyes will hurt.

화장 안 하고 포토샵 보정도 안 한 그녀의 사진은 보고 싶지 않다. 눈이 아플 게 분명해.

- ~ + free …가 없는

  makeup-free 화장하지 않은   photoshop-free 보정하지 않은
  sugar-free 무설탕의   wrinkle-free 주름이 지지 않는
  stress-free 스트레스 없는

  - The label says it's sugar-free but it tastes very sweet.
    라벨에는 무설탕이라고 나오는데 맛은 굉장히 달다.
  - There is no such thing as high-paying stress-free jobs in the world.
    이 세상에 돈은 많이 주면서 스트레스가 없는 직업 같은 건 없다.

7

She is a Hollywood actress. She is acting like a professional.

그녀는 할리우드 여배우이다. 프로답게 행동할 뿐이다.

- act like …처럼 행동하다

  - Why are you acting like a jerk? 왜 머저리처럼 행동하는 거야?
  - He acts like a jerk because he is being one.
    그가 머저리처럼 행동하는 건 머저리이기 때문이다.

8

She was much more gorgeous when she was not at peace with her natural looks.

그녀는 자신의 자연스런 외모를 편하게 생각하지 않을 때가 훨씬 더 아름다웠다.

○ much more+형용사 = way more+형용사   훨씬 더 …한
  – She is much more intelligent than I am.   그녀는 나보다 훨씬 더 명석하다.
  – This food is way tastier than I expected.   이 음식은 내 예상보다 훨씬 더 맛있다.

SNS 시대필수, 영어로 댓글 써보자!

1 Hello, she is an actress! She _____ do that.

이 보세요, 이 여자는 배우에요! 원래 그렇게 하는 게 당연합니다.

2 Give her a break. It is _____ to show her real wrinkly looks.

그녀를 좀 놔둬라. 실제 주름진 외모를 보이라는 건 너무 과한 요구이다.

3 The article _____ she is at peace with her natural looks but her picture _____ otherwise.

기사에는 자연스러운 외모를 편안히 여긴다고 나오지만, 사진을 보면 그렇지 않은 것 같다.

[정답] **1.** is supposed to **2.** too much to ask **3.** says, says

Episode 002

Allegedly the World's First Baby Whose Gender Is Unknown

성별이 '알 수 없음'으로 기록된 세계 최초의 아기

도대체 무슨 내용일까

• • •

캐나다의 한 트랜스젠더 아버지가 8개월 된 아기의 성이 'U,' 즉 'unknown' 또는 'unassigned'(성별 미정)으로 된 건강 보험카드를 발급받았다. 아버지가 아기의 성이 남성이나 여성으로 기록되는 걸 거부했기 때문이다. 정부는 일단 건강 보험 카드는 발급했지만, '성별 미정' 상태로는 출생 신고 등록은 할 수 없다고 통보했다. 이에 아버지는 신체 일부분만으로 성을 결정하는 것은 옳지 않다며 재판까지 불사하겠다는 뜻을 밝혔다. 아이의 아버지는 아이가 스스로 성정체성을 찾을 때까지 이분법적 젠더의 틀에서 키우지 않겠다는 강한 의지를 밝혔다.

Words & Phrases

☐ **stand** 서다, (부정문) 참다, 견디다

☐ **open-minded** 마음이 넓은
  opp. narrow-minded 속이 좁은, 옹졸한

☐ **prejudiced** 편견을 가진

☐ **fail to understand** 이해할 수 없다

☐ **freaking** 끔찍한 *freakishly 소름끼칠 정도로

☐ **Uranus** 천왕성

☐ **gender** 성 *여성 female, 남성 male

☐ **negotiable** 협상이 가능한 *negotiate 협상하다

☐ **liberal** 자유주의적인, 진보적인

☐ **adopt** 입양하다 *adoption 입양 *adopt a child 아이를 입양하다

☐ **unbearable** 견딜 수 없는 *bear 곰, 견디다, 낳다

☐ **neuter** 중성

1. What I can't stand here is that people like him believe they are more open-minded and less prejudiced than the rest of us.

2. He is the one who should be registered as U. U for Uranus. U R anus.

3. I fail to understand why the government allowed this freaking idiot to be a dad.
   - maybe because the government is as freakishly idiotic as him

4. Since when is the gender of a baby negotiable?

5. Poor baby… What did he[she] do?

6. It is called child abuse. Shouldn't the police arrest him already?

7. I am pretty liberal, but it seems like too much.
   - I have gay friends who adopted kids. I like them. But this? Literally unbelievable.

8. Being born as his baby was bad enough, and being forced to live as a genderless?

9. There is no such thing as genderless. There are a boy, a girl, or a neuter. Please, read a book!

10. This weirdo calls himself 'parent,' not 'father,' because he is neither a father nor a mother, right? I think he is neither a parent nor a person.
    - then what do we call him?
    - How about an asshole?
    - You nailed it!

❶

What I can't stand here is that people like him believe they are more open-minded and less prejudiced than the rest of us.

내가 견딜 수 없는 건 이 남자 같은 사람들은 자기들이 나머지 우리 같은 사람들보다 마음이 넓고 편견이 적다고 믿는다는 것이다.

✪ 이 댓글을 단 사람은 미국 사회에서 LGBTQ로 불리는 성소수자, 즉 레즈비언(Lesbian), 게이(Gay), 양성애자(Bisexual), 트랜스젠더(Transgender), 퀴어(Queer)에 대해 심하게 거부하거나 부정적이면 보수적이고 편협하며 인권 의식이 부족한 사람으로 여기고, 반대인 경우는 진보적이고 포용적인 사고를 가진 사람으로 여기는 사회 분위기가 마음에 들지 않는 모양이다. 사실 이러한 사회 분위기는 미국뿐 아니라 우리나라 등 다른 나라의 사정도 크게 다르지 않다.

☺ **What I can't stand is that~** 내가 견딜 수 없는 건 that~ 이하이다.
이 댓글의 경우 주어는 'What I can't stand here.' 동사는 is이다.

– What I don't like is the fact that his life seems easy and mine doesn't.
내가 싫어하는 건 그의 삶은 쉬워 보이고 내 삶은 그렇지 않다는 사실이다.

❷

He is the one who should be registered as U. U for Uranus. U R anus.

이 자야 말로 U로 등록되어야 한다. 천왕성 Uranus의 U. U R anus.

✪ 천왕성인 Uranus의 영어 발음이 민망하게도 '너는 항문이다 (You are (an) anus. 또는 너의 항문 Your anus)'와 유사하다. 아기의 아버지를 비난 혹은 욕을 해주려는 의도로 이러한 댓글을 썼다.

☺ **He is the one who~** 그 남자야 말로 …인 사람이다.
– Henry is the one who should pay the bill. 돈을 내야 할 사람은 바로 헨리이다.
– You are the one who should say sorry. 미안하다고 말해야 할 사람은 바로 너이다.

19

③

I fail to understand why the government allowed this freaking idiot to be a dad.
- maybe because the government is as freakishly idiotic as him

정부가 왜 이런 끔찍한 멍청이에게 아버지가 되도록 허락했는지 이해할 수 없다.
– 아마도 정부가 그만큼이나 소름끼치게 멍청하기 때문일 것이다

☺ I fail to understand = I can't understand 이해할 수 없다.
　– What I fail to understand is the reason why the government allowed him to be a dad. 정부가 왜 그를 아버지가 되도록 허락했는지 그 이유를 내가 이해할 수 없다.

☺ freaking은 fucking 대신 사용되는 일종의 욕설인데, 원래는 욕이지만, 예의를 지키지 않는 친근한 사이 또는 구어체에서 무언가를 강조하고 싶을 때 사용할 수 있다. 이 댓글을 단 사람은 idiot만으로는 성이 차지 않았는지 앞에 freaking을 추가해 아버지에 대한 반감을 분명히 드러냈
다. 대댓글의 freakishly idiotic(소름끼칠 정도로 유별나게 멍청한)은 댓글에 freaking idiot이라는 표현이 나와서 이 표현을 살려 대댓글을 단 것이다.
　– It's so freaking cold. 날씨가 우라지게 춥다.
　– This puppy is freaking cute! 이 강아지는 말도 못하게 귀엽다!

④

Since when is the gender of a baby negotiable?
언제부터 아기의 성별이 협상 가능했단 말인가!

☻ 한 마디로 The gender of a baby is not negotiable. (아기의 성별은 협상할 만한 것이 아니다)라는 뜻이다. 이런 식으로 since when~ 표현을 사용하여 의문문 형태로 반대의사를 표현할 수 있다.
　– David is a boss? Since when can an idiot be a boss?
　데이빗이 대장이야? 언제부터 바보가 대장이 될 수 있게 된 거야?

⑤

Poor baby... What did he[she] do?
불쌍한 아기… 얘가 뭘 했다고!

☺ What did she do? 그녀가 무엇을 어쨌다고!
문맥과 상황에 따라 실제 그녀가 무엇을 했는지 묻는 의문문일 수도 있고, She didn't do anything wrong. (그녀는 잘못한 게 없다)의 의미일 수도 있다. 이 댓글에서는 두 번째 의미이다.
　– What did I do? 내가 뭘 어쨌다고 그래? 내가 무슨 짓을 한 거지?

6

It is called child abuse. Shouldn't the police arrest him already?

이런 걸 아동 학대라고 하는 것이다. 경찰은 이 남자를 이미 체포했어야 하는 거 아닌가?

- ☺ **already** 벌써 오래 전에 (…했어야 했다)

   댓글의 의미는 The police should have arrested him a long time ago. but they didn't.
   경찰은 오래 전에 그를 체포해야 했지만 그러지 않았다.

   – **Shouldn't you just let it go** already? 너는 벌써 마음을 정리했어야 하지 않아?
   – **Please, go to sleep** already! 제발! 너는 이미 잠자리에 들어 있어야 한다고!

7

I am pretty liberal, but it seems too much.
- I have gay friends who adopted kids. I like them. But this? Literally unbelievable.

나는 꽤 진보적이지만 이건 너무한 것 같다.
 – 아이들을 입양한 게이 친구가 있다. 나는 그들을 좋아한다. 하지만 이건? 말 그대로 믿을 수가 없다.

- ✪ **liberal** 진보적인 **conservative** 보수적인

   미국에서 민주당(Democrats)은 liberal, 공화당(Republican Party)은 conservative하다. 그래서 liberal을 명사로 쓰면 '자유주의자,' 또는 '민주당원'이 된다. 공화당원은 Republican이라고 한다. 명사 conservative에는 '보수주의자'의 의미가 있다.

- ☺ **It seems like too much.** 너무 한 것처럼 보인다. 너무 심한 것 같다.

   = **It has gone too far.** 너무 나갔다. 너무 오버했다.

   – **You have lied to him for over 5 years?** It seems like too much.
   그에게 5년 이상 거짓말을 해 왔다고? 너무 심한 것 같다.

8

Being born as his baby was bad enough, and being forced to live as a genderless?

그의 아기로 태어난 것만으로도 충분히 끔찍한데 성이 없는 사람으로 억지로 살아야 한다고?

- ☺ **~ is bad enough** …만으로도 충분히 나쁘다

   이 댓글의 의미는 Being born as his baby was bad and being forced to live as a genderless is worse. 그의 아기로 태어난 것도 끔찍한데 성이 없는 사람으로 억지로 살아야 한다는 건 더 끔찍하다.

   – **Living with an alcoholic** is bad enough, **and I also have to pay his debt.**
   알코올 중독자와 사는 것도 충분히 끔찍한데 그의 빚까지 내가 갚아야 한다.

- ☺ 원래 genderless는 형용사인데 이 댓글에서는 a genderless, 즉 a genderless person 의미의 명사처럼 썼다.

9

There is no such thing as genderless. There are a boy, a girl, or a neuter. Please, read a book!

무성 같은 건 없다. 남성, 여성, 그리고 중성이 있을 뿐이다. 제발 책 좀 읽어라!

○ There is no such thing as~ …같은 건 없다
   - There is no such thing as a free lunch.
      공짜 점심 같은 건 없다.

10

This weirdo calls himself 'parent,' not 'father,' because he is neither a father nor a mother, right? I think he is neither a parent nor a person.
   - then what do we call him?   - How about an asshole?
   - You nailed it!

이 괴짜는 자신을 아버지가 아닌 부모라 부른 건 자신이 아버지도 어머니도 아니기 때문이란 말이지?
내 생각에 이 자는 부모도 사람도 아닌 것 같은데.
   – 그럼 이 자를 뭐라 부르지?   – ** 놈 어때요?   – 완벽합니다!

○ 단어 끝에 + -o …인 사람
   weird 이상한 – weirdo 이상한 사람   wacky 이상한 – wacko 이상한 사람
   sick 아픈, 정신이 아픈(이상한) – sicko 정신이 이상한 사람
   psychic 초자연의 – psycho 정신 이상자
   kid 어린이, 아이 – kiddo 아이(아이를 친근하게 부를 때 쓰는 표현)
   – Hey kiddo, steer clear of that weirdo. He looks fine but actually he is a
      psycho. 아이야, 저 이상한 사람을 피해라. 멀쩡해 보이지만 사실 정신 이상자란다.

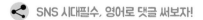

SNS 시대필수, 영어로 댓글 써보자!

1 I _____ how this guy could adopt a baby.

어떻게 이 남자가 아기를 입양할 수 있었는지 이해할 수 없다.

2 This so-called a parent makes the life of his baby very difficult.
   It _____ .

소위 부모라는 이 사람은 아기의 삶을 굉장히 어렵게 만들고 있다. 너무 심한 것 같다.

[정답] 1. fail to understand   2. seems like too much

This Is What an Incredibly Extravagant Wedding Dress Looks Like

믿을 수 없을 정도로 호화로운 웨딩드레스는 바로 이렇게 생겼다

도대체 무슨 내용일까

어느 백만장자의 상속녀가 백만 달러짜리 웨딩드레스를 입고 극도로 사치스러운 결혼식을 올린 기사가 떴다. 백만 달러면, 우리 돈으로 10억이 넘는 거액이다. 억만장자가 넘치는 미국에서도 웨딩드레스 한 벌에 백만 달러를 쓰는 게 흔한 일은 아닐 것이다. 이 기사를 보고 부러워하는 사람도 있고, 자기 돈을 자기 마음대로 쓰는데 비난할 게 없다는 사람도 있지만, 도를 넘은 사치와 과시라며 비난하며 빈정거리는 사람도 적지 않은데…

Words & Phrases

- **a piece of** …의 한 조각 *a piece of bread 빵 한 조각
- **literally** 말 그대로, 있는 그대로, 축어적으로
- **incredible** 믿을 수 없는 *opp.* credible 믿을 수 있는
- **spend** (돈, 시간) 쓰다, 소비하다
- **ceremony** 의식, 예식 *wedding ceremony 결혼식, *funeral ceremony 장례식

- **make a big fuss** 요란을 떨다, 소동을 부리다
- **well off** 부유한
- **flaunt** 잘 난 척하다, 과시하다 = brag, show off
- **rent** 빌리다, 임대하다

23

1. A piece of white dress costs a million? wow

2. Spending one million dollars for a one day ceremony… Totally crazy!

3. Being well off is one thing, but flaunting a million dollar dress is another.

4. What a shame, what a waste!

5. Another rich couple throwing money down the drain…

6. OK, she's rich… but not because of anything she did.

7. turns out not everyone wears a rented wedding dress like I did.

8. Some have thick wallets, some have thin wallets… that's how the wedding crumbles.

9. It is her money, I mean, her dad's money. So what? Nothing to make a big fuss about.

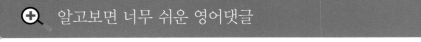

1

A piece of white dress costs a million? wow

흰색 드레스 한 벌이 백만 달러? 우와.

- **cost** 값[돈]이 얼마가 들다 (cost – cost – cost)

  cost a million = cost $ 1 million 일백만 달러가 든다.
  - It costs nothing to **be a decent person.** 품위 있는 사람이 되는데 돈이 들지 않는다.

2

Spending one million dollars for a one day ceremony... Totally crazy!

단 하루 의식을 위해 백만 달러를 쓰다니… 완전 미침!

- 주어와 조동사를 생략하는 회화체 표현

  이 댓글은 주어와 조동사를 찾을 수 없는데, 회화에서 말하듯 댓글을 썼기 때문이다.

  = It was totally crazy to spend one million dollars for a one day ceremony.

3

Being well off is one thing, but flaunting a million dollar dress is another.

부자인 건 그렇다 치지만 백만 달러짜리 드레스로 잘난 척하는 건 이야기가 다르다.

- A is one thing, but B is another. A와 B는 얘기가 다르다. 둘은 전혀 다른 것이다, 혹은 A는 그렇다 치지만, B는 받아들이기 힘들다.

  = It's one thing to A but it's another (thing) to B.

  = It's one thing to A but to B is another.

  이 댓글은 부자라는 건 이해할 수 있지만, 백만 달러짜리 드레스를 자랑하는 건 이해(용납)할 수 없다는 의미이다.

  - It's one thing **to write an article,** it's quite another **to write a book.**

    기사 한 편을 쓰는 것과 책 한 권을 쓰는 건 완전히 다르다.

  - Dating is one thing, but getting married is another.

    데이트하는 것과 결혼하는 건 완전히 다르다.

25

4

What a shame, what a waste!
참으로 부끄러운 일이요, 대단한 낭비로다!

○ 감탄문 : What+a+형용사+명사+주어+동사! = What+a+명사!
  – What a **smart boy he is!** 그는 참 명석한 소년이군!
  – What a **boy!** 대단한 소년이군!
  – What a **nice dress it is!** 그것은 참 멋진 드레스이군!
  – What a **dress!** 참 멋진 드레스군!

5

Another rich couple throwing money down the drain...
돈을 물 쓰듯 쓰는 부자 부부 또 나셨네…

○ **throw money down the drain[rat hole, toilet]**
하수구[쥐구멍, 변기]에 돈을 버리다. 즉, 돈을 헛되이 막 쓰다

spend money like water = spend money like a drunken sailor
돈을 물 쓰듯 하다. 낭비하다

  – I know I spent money like water, but I didn't throw money down the drain. I spent it on something important.
    내가 물 쓰듯 돈을 쓴 건 알지만 헛되이 막 쓴 건 아니다. 나는 아주 중요한 곳에 돈을 사용했다.

6

OK, she's rich... but not because of anything she did.
이 여자가 부자인 건 알겠는데… 자기가 한 일 때문에 부자가 된 건 아님.

✪ 여성 본인의 노력이 아닌 재산 상속으로 부자가 된 것을 비꼬는 댓글이다. 세계 어디서나 이런 경우를 바라보는 시선은 곱지 않은 모양이다.

7

turns out not everyone wears a rented wedding dress like I did.

모두가 나처럼 빌린 웨딩드레스를 입는 건 아니었군.

- ◑ (It) Turns out (that)~　…로 판명나다, …라고 밝혀지다
  - It turns out being a pretty girl doesn't mean someone is a good person.
    결국 예쁜 여자라고 좋은 사람인 건 아니었다.

- ◑ 빌리다 vs. 빌려주다

  rent　돈을 내고 짧은 기간 빌리다 (옷이나 자동차 등을 돈을 내고 짧은 기간 대여할 때)

  lease　돈을 내고 비교적 장시간 빌리다 (임대료를 내면서 몇 년에 걸쳐 자동차나 집을 빌릴 때)

  borrow　돈을 내지 않고 빌리다 (도서관에서 책을 빌리거나, 친구에게 무언가를 빌릴 때)

  lend　빌려주다

  - I borrowed some money from him.
    나는 그에게 돈을 좀 빌렸다.
  - Would you lend me some money?
    나에게 돈을 좀 빌려줄래?
  - Tell me how to rent movies on Amazon.
    아마존에서 영화를 어떻게 빌리는지 알려줘.
  - If you lease a car, you don't have to insure it.
    차를 임대하면 보험을 들 필요가 없다.

8

Some have thick wallets, some have thin wallets... that's how the wedding crumbles.

지갑이 두툼한 사람도 있고 지갑이 얇은 사람도 있고… 원래 결혼이란 그런 것.

- ◑ **have a thick wallet**　돈이 많이 들어서 두툼해진 지갑을 가지다. 즉 부자이다

  have a thin wallet　돈이 별로 없어서 얇은 지갑을 가지다. 즉 부자가 아니다

  - You hate him not because he is ugly but because his wallet is thin.
    네가 그를 싫어하는 건 그가 못생겨서가 아니라 그의 지갑이 얇기(부자가 아니기) 때문이다.

- ◑ That's how the cookie crumbles. 또는 That's the way the cookie crumbles.
  세상은 그렇게 돌아가는 것, 세상살이가 다 그렇지 뭐.

  관용적 표현으로 무언가 좋지 않은 일이 생기거나, 마음대로 일이 되지 않을 때 쓰는 표현이다. 문맥상 재미있게 표현하려고 cookie를 wedding으로 바꾸어 썼다.

It is her money, I mean, her dad's money. So what? Nothing to make a big fuss about.
그녀의 돈, 그러니까 그녀의 아빠 돈이다. 그래서 뭐? 호들갑 떨 일도 아니네.

⟳ **So what?** 그게 뭐 어때서?'
딸이 부자 아빠의 돈 좀 쓰겠다는데 뭐가 문제이냐는 의미의 댓글이다.

– I wasted money. So what? I used my own money, I didn't steal it from anyone. 내가 돈 낭비했어. 그게 뭐? 나는 훔친 게 아니라 내 돈을 쓴 거라고.

⟳ **There is nothing to~** …할 게 없다. There is~는 생략 가능.

– There is nothing to **explain.** = Nothing to **explain.** 설명할 게 없다.
– There is nothing to **worry about. Stop making a scene.** = Nothing to **worry about.** 걱정할 건 없어. 소란 좀 그만 피워.

⟲ SNS 시대필수, 영어로 댓글 써보자!

1 Buying an expensive dress is _____ , and looking beautiful is
_____ .
비싼 드레스를 산 거랑 멋져 보이는 건 다르다.

2 _____ a cool way to throw money _____!
돈을 물 쓰듯 낭비하는 멋진 방법이군!

3 A rich girl wore the insanely luxurious dress. So what? There is
_____ to talk about. That's _____ the cookie crumbles.
돈 많은 여자가 엄청 호화로운 드레스를 입었다. 그게 어때서? 달리 할 말이 없다. 원래 사는 게 다 그러니까.

[정답] **1.** one thing, another **2.** What, down the drain **3.** nothing, the way

Twenty Kilos of Coke Hidden in a Day Care Center

탁아소에 숨겨진 마약 20킬로그램

도대체 무슨 내용일까

무려 20kg이라는 엄청난 양의 마약이 어이없게도 탁아소에서 발견되어 미국 사회가 충격을 받았다. 마약 은닉 및 판매로 구속된 전과가 있는 범인은 아무도 의심하지 않을 장소로 대범하게도 탁아소를 선택한 것이다. 마약 문제로 골머리를 앓는 미국에서 벌어진 충격적인 사건에 어떤 댓글이 올라왔을까?

Words & Phrases

- **bust** 검거하다

- **detective** 형사 *police officer = cop 경찰, *inspector 조사관, 경위

- **Way to go.** 잘 했어. = Good job. Nicely done.

- **hint** 힌트 *take a hint 힌트를 얻다

- **day care center** 보육원, 어린이집

- **feed** 먹이다 *feed - fed - fed

- **coke = cocaine** 코카인, 마약

- **What the heck~ ?** 도대체 무슨…?

- **That's nice of him.** 그가 잘 했다.

- **play detective** 형사 놀이를 하다

- **That's why~** … 의 이유가 바로 그것이다. 그래서 …한 것이다

- **pathetic** 한심한, 애처로운

1. Why did they bust this guy twice? Wasn't once enough?

2. Great. Now bad guys take a hint where to hide drugs.

3. Way to go. One down, so… thousands to go.

4. Twenty kilos of coke in a day care center? OMG!

5. What the heck is going on in California?

6. He didn't feed kids drugs, just hiding them among kids. That was nice of him.
   - totally agreed. Three cheers for him!

7. While cops were eating doughnuts, kids who played detective found cocaine, right?

8. That's why I don't have kids. Because there is no safe zone for kids in America, not because ladies hate me…
   - C'mon, dude! you are so pathetic.

1

Why did they bust this guy twice? Wasn't once enough?
왜 이 남자를 두 번 검거한 거지? 한 번이면 충분하지 않나?

⚙ 이 사건을 보도한 기사에 이번이 용의자가 마약과 관련해서 두 번째 검거라고 나와 있다. 한 번의 검거로 두 번 다시 이런 짓을 하지 못하게 해야 하는데 왜 두 번째 검거냐며 비난하는 댓글.

　이 문장을 달리 표현하면 : The police busted him twice because once is not enough? 경찰이 그를 두 번째 검거한 건 한 번이 충분하지 않았기 때문인가?

– Being arrested once is not enough for you?
　당신은 한 번 체포당한 거로는 부족했던 거야?

◯ **bust** 단속하다　**be busted** (단속에) 걸리다. (좋지 않은 일을 하다) 걸리다
– Uh oh… (I am) Busted. 이런… 딱 걸렸네.
– I see officers coming. You are so busted. 경찰관들이 오는 게 보여. 너는 완전히 걸렸다.

2

Great. Now bad guys take a hint where to hide drugs.
잘 되었군. 이제 나쁜 놈들은 어디에 마약을 숨길 것인지 힌트를 얻었어.

⚙ Great!라고 했지만, 실제 잘 되었다는 뜻이 아니라, 이 기사 덕분에 들키지 않고 마약을 숨길 데가 어디인지 범죄자들에게 힌트를 준 셈이라고 빈정댄 댓글이다.

– The police don't know where it is? Oh, great. Now I've lost my bag forever!
　경찰도 어디에 있는지 모른다고? 잘 되었네. 가방을 영원히 잃어버렸어!

◯ 의문사 + to 동사

where to hide 어디에 숨길 것인지　　**where to go** 어디로 갈지

what to do 무엇을 할지　　**when to leave** 언제 떠날지

– I can't decide where to eat dinner. 저녁을 어디에서 먹을지 결정할 수 없다.
– Nobody told me how to use this program.
　이 프로그램을 어떻게 사용하는지 아무도 나에게 말해주지 않는다.

31

③

Way to go. One down, so... thousands to go.
잘했네. 하나 잡았으니, 수천 명만 더 잡으면 되겠어.

- ☺ **Way to go! = Good job! = Nice work!** 칭찬할 때 쓰는 표현
  이 댓글에서는 실제 잘해서 칭찬하려고 쓴 게 아니라, 이런 경우가 너무 많아서 이제야
  한 건 잡았느냐며 비꼬며 쓴 표현이다.
  - Way to go! **You did a great job. I am so proud of you.**
    잘 했어. 훌륭하게 해냈구나. 네가 자랑스럽다.

- ☺ **~ down, ~ to go** 는 해결했으니 만 더 하면 된다. 만큼 남았다
  - **One** down, **now two** to go. 하나는 됐고, 이제 두 개만 더 하면 된다.
  - **Two** down, **three more** to go. 둘은 해결되었으니 셋 만 더 해결하면 된다.

④

Twenty kilos of coke in a day care center? OMG.
탁아소에 코카인 20kg? 뭔 일이래.

- ☺ **OMG = Oh My God** 세상에. 뭔 일이야. 어이구.
  너무 기가 차거나 놀랄 때 쓸 수 있는 비슷한 표현으로, Good Lord, For crying out
  loud, For God's sake, For the love of~ 등이 있다.
  You were arrested? Oh my god! **What did you do?**
  체포되었다고? 세상에! 무슨 짓을 한 거야?
  Food made of insects? Good lord! 곤충으로 만든 음식이라고? 어이구!

⑤

What the heck is going on in California?
캘리포니아에서 도대체 무슨 일이 벌어지고 있는 거야?

- ☺ heck은 비속어인 hell, fuck보다 다소 유한 표현으로 회화에서 무언가를 강조할 때 쓸
  수 있다. the heck이 추가되면 좀 더 짜증스럽거나, 더 놀랍거나, 더 기가 차다는 어감을
  준다.
  - **What is going on?** 무슨 일이야?
  - **What** the heck **is going on?** 대체 무슨 일인데?

  그냥 What the heck!, What the hell! 또는 What the fuck!(두문자로 WTF)만 쓰면
  OMG와 비슷한 표현이 된다.
  - **I failed? I mean, again?** What the heck! 나 또 떨어졌어? 그러니까 또? 이런, 제길!
  - **This is a** WTF **situation that is totally unexplainable.**
    이건 절대 설명할 수 없는 '뭔 일이래' 상황이다.

6

He didn't feed kids drugs, just hiding them among kids? That was nice of him.
  - totally agreed. Three cheers for him!

애들 사이에 숨기기만 했지 애들에게 마약을 먹인 건 아니잖아? 그 사람 괜찮네.
  ─ 전적으로 동감. 그에게 세 번 환호를 보냅시다!

○ **feed** 먹이다 *feed − fed − fed

feed a baby 아기에게 (젖을) 먹이다 **feed a dog** 개에게 먹이를 먹이다

  ─ There is nothing left, so I can't feed my kids.
     남은 게 하나도 없어서 아이들을 먹일 수 없다.
  ─ You had better feed your dog before you walk him.
     개를 산책시키기 전에 개에게 먹이를 주는 게 좋다.

○ **that[it] is nice of him.** 그 부분은 그가 잘 한 것이다
  탁아소에 코카인을 숨기기만하고 아이들에게 먹이지 않은 게 정말 잘했다는 게 아니라, 반대로 표현
  하며 비꼰 댓글이다. 물론 실제 잘했다고 말할 때도 쓸 수 있는 표현이다.

  ─ You just hit him, not killed him? That was nice of you. Very kind.
     그를 때리기만 하고 죽이지는 않았다고? 참 착하구나. 아주 친절해.
  ─ It's nice of you to join us. We need a member like you.
     우리와 함께 참여한 건 네가 잘 한 것이다. 우리는 너 같은 회원이 필요하거든.

○ **three cheers for~!** 에게 환호의 박수 세 번을!
  보통 이 표현을 외친 후 누군가 hip hip hooray!라고 하면, 다른 사람들이 같은 말을 따라한다.

  ─ Three cheers for this brave girl! Hip hip hooray!
     이 용감한 소녀에게 환호를 보냅시다. 만세!

7

While cops were eating doughnuts, kids who played detective found cocaine, right?

경찰들이 도너츠 먹는 동안 형사 놀이를 하던 애들이 코카인을 찾은 거 맞지요?

○ **play** 놀이를 하다

play detective 형사 놀이를 하다 **play hide and seek** 숨바꼭질 놀이를 하다

play 인 척하다

play innocent 순진한 척(모르는 척)하다 **play dumb** 바보인 척하다

  ─ No need to play innocent. I know you lied to me.
     모르는 척할 필요 없어. 네가 거짓말한 거 다 아니까.
  ─ Let's play house. Who wants to be my husband? No one?
     소꿉놀이하자. 누가 내 남편 할래? 아무도 없어?

8

That's why I don't have kids. Because there is no safe zone for kids in America, not because ladies hate me...
- C'mon, dude, you are so pathetic.

이래서 내가 애를 갖지 않는 거다. 미국에는 아이들을 위한 안전지대가 없기 때문이다. 여자들이 나를 싫어해서가 아니라…
― 아 진짜, 당신 너무 한심하잖아.

⟳ **That's why~** 이래서 …인 것이다[까닭이다]
― He is so rude. That's why no one wants to work with him.
그는 너무 무례하다. 그와 일하길 원하는 사람이 없는 건 이 때문이다.

⟨⟩ SNS 시대필수, 영어로 댓글 써보자!

1 Just selling coke was not bad _____ for him.
단순히 마약을 파는 것만으로는 그에게 충분히 나쁘지 않았던 것이다.

2 Kids found over $1 million worth of coke and called the police.
That's _____ them. Way _____, kids!
애들이 백만 달러 이상 가치의 마약을 찾고 경찰을 불렀어? 애들이 대단한데! 애들아, 아주 잘 했어!

3 Cocaine in a day care center? _____ the heck!
탁아소에 마약이라니? 거 참!

[정답] **1.** enough **2.** nice of, to go **3.** What

Episode **005**

A Celebrity Wet Herself And Blamed Starbucks for It

유명인, 오줌 싸고 스타벅스를 비난하다

도대체 무슨 내용일까

한 여성 연예인이 뉴욕의 스타벅스 커피숍에 들어가 화장실 사용을 요구했는데 직원이 이를 거절했다. 화가 난 여성은 그냥 서서 바지에 볼일을 본 뒤, 자신의 트위터에 해당 커피숍 사진을 올리며 스타벅스를 비난했는데, 다소 황당하고 몹시 더러운 이 사건이 언론에 기사화되었다. 서른을 넘긴 여성 연예인의 공공장소 배뇨 사건을 보는 일반인들의 시각은 어떨까?

1. Celebrity?

2. Why in the world is this news?

3. She wet herself not because of Starbuck's but because of her natural nastiness.

4. If you are not a paying customer, pee in a public restroom.

5. She walked into Starbucks, wanted to use the toilet without buying anything, they said no, so she peed herself and tweeted about it? Go figure.

   - She is an enigma.
   - enigma? you mean, a crazy idiot.

6. I feel sorry for her. If she had the least amount of talent to get a job, she could afford diapers.

7. That happened in NYC, right? Then why didn't she pee on street?

   - yeah, like normal New Yorkers.

8. The Starbucks I used to go to would let homeless people use its toilet, but she is worse than homeless… so I understand Starbucks.

9. C'mom, folks! Was she supposed to let her bladder burst?

10. Many people use the facilities first, and then make a purchase. I think Starbucks just hated her.

11. I blame NYC for this. There are not enough public toilets. We have a right to pee!

① Celebrity?
유명인?

🌀 해당 연예인이 무슨 유명인이냐는 빈정거림
= She is a celebrity? Seriously? 그녀가 연예인이라고? 진심이야?

② Why in the world is this news?
도대체 이게 무슨 뉴스라고?

🌀 in the world, on earth 도대체, 세상에(강조어구)
- How on earth did you do this? 도대체 이걸 어떻게 한 거야?
- What in the world are you eating? 도대체 무엇을 먹고 있는 거야?

③ She wet herself not because of Starbuck's but because of her natural nastiness.
이 여자가 오줌을 싼 건 스타벅스 때문이 아니라 타고난 저급함 때문이다.

🌀 wet oneself 오줌을 싸다 = pee in one's pants
- I am about to wet myself. Please let me cut in line.
  오줌싸기 직전이에요. 새치기 좀 하겠습니다.

🌀 not because of A (명사, 명사구) but because of B (명사, 명사구)
= not because of A (주어+동사) but because B (주어+동사)

A 때문이 아니라 B 때문
- I am single not because ladies hate me but because I hate ladies.
  내가 독신인 건 여자들이 나를 싫어해서가 아니라 내가 여자들을 싫어하기 때문이다.

4

If you are not a paying customer, pee in a public restroom.
구매하는 고객이 아니라면 공공 화장실에서 싸라.

⚙ pee *vs.* urinate

둘 다 '소변을 보다'는 의미인데, pee보다는 urinate가 다소 체면을 차리거나 예의를 지켜야 할 때 쓰는 표현이다. 굳이 차이를 두어 번역하자면 pee를 '오줌 싸다', urinate를 '소변 보다'로 할 수 있다. 두 단어의 차이를 둘 필요가 없다고 생각하는 원어민들도 없지 않다. 이 댓글을 단 사람은 해당 연예인이 천박하다고 생각하여 일부러 pee를 쓰지 않았나 싶다.

– My doctor uses the word 'pee' instead of 'urinate.' It seems he likes using vulgar words.
내 주치의는 '소변보다' 대신 '오줌싸다' 단어를 쓴다. 그는 저속한 단어를 쓰기 좋아하는 것 같다.

5

She walked into Starbucks, wanted to use the toilet without buying anything, they said no, so she peed herself and tweeted about it? Go figure.
   - She is an enigma.
   - enigma? you mean, a crazy idiot.
이 여자는 스타벅스에 들어가 아무것도 안 사고 화장실을 쓰겠다고 했는데 그들이 안 된다고 했고, 그래서 바지에 오줌을 싼 다음 그걸 트위터에 올렸다는 건가? 도대체 뭔 일인지.
   – 그녀는 수수께끼(알 수 없는 사람)에요.
   – 수수께끼? 미치광이 멍텅구리라는 뜻이겠지.

⚙ without+명사[~ing] …없이, …하지 않고

– She just walked out without buying anything.
그녀는 아무것도 사지 않고 그냥 나가버렸다.

⚙ go figure 무언가 놀랍고 이해할 수 없는 사실을 듣거나 알게 되었을 때 하는 표현

– Jews don't eat pork, and they love Chinese food? Go figure.
유태인들은 돼지고기를 먹지 않는데, 중국 음식을 좋아한다고? 뭔 일이래.

6

I feel sorry for her. If she had the least amount of talent to get a job, she could afford diapers.

나는 이 여자가 불쌍하다. 직업을 가질 수 있는 최소한의 재능이라도 있었다면 기저귀를 살 수 있었을 텐데.

- ✪ 가정법 현재 : If 주어+과거동사, 주어+could[would]+동사원형 (현재 사실의 반대)
  - If she had 5 bucks, she could buy a cup of coffee.
    그녀에게 5달러만 있어도 커피 한 잔을 살 수 있을 텐데. (5달러가 없어 커피를 못 샀다.)

7

That happened in NYC, right? Then why didn't she pee on street?
- yeah, like normal New Yorkers.

뉴욕 시에서 일어난 일이란 말이지? 그럼 왜 그냥 거리에 오줌을 누지 않았을까?
– 그러게. 다른 일반적인 뉴욕시민들처럼 말이지.

- ✪ like normal New Yorkers 평범한 뉴욕 시민들처럼
  뉴욕에서는 노상방뇨가 흔하다는 사실을 전하면서, 다른
  사람들은 뉴욕 거리에서 볼일을 잘도 보던데 왜 커피숍에
  서 자기 바지에 오줌을 싸느냐는 의미의 댓글.

8

The Starbucks I used to go to would let homeless people use its toilet, but she is worse than homeless... so I understand Starbucks.

내가 갔던 스타벅스에서는 노숙자들에게 화장실 쓰게 해주었지만, 이 여자는 노숙자보다 못하니까... 나는 스타벅스를 이해한다.

- ✪ 선행사+관계대명사 which+주어+동사의 경우, 관계대명사 which를 생략할 수 있다.
  - The Starbucks which I used to go to would let homeless people use its toilet.
    = The Starbucks I used to go to would let homeless people use its toilet.
    내가 다녔던 스타벅스는 노숙자들에게 화장실을 쓰게 해주었다.

- ✪ be worse than~ …보다 더 나쁜 (bad 나쁜 – worse 더 나쁜 – worst 제일 나쁜)
  - What you did is way worse than what I did.
    네가 한 짓은 내가 한 짓보다 훨씬 더 나쁘다.

9

C'mom, folks! Was she supposed to let her bladder burst?

이보세요! 이 여자는 오줌이 마려웠단 말입니다. 그럼 방광이 터지게 놔두란 말입니까?

- ○ let ~ burst …가 터지도록 놔두다 (사역동사 let sb[sth]+동사원형)
  - Let him eat as many cookies as he wants.

    그가 원하는 만큼 쿠키를 먹게 놔두시오.

10

Many people use the facilities first, and then make a purchase. I think Starbucks just hated her.

많은 사람들이 화장실 먼저 사용하고 그 다음에 구매를 한다. 내 생각에 스타벅스가 그냥 이 여자를 싫어했던 것 같다.

- ○ 동사+first, and then+동사 먼저 …하고 그 다음에…
  - Sit down first, and then eat whatever you like.

    먼저 자리에 앉고, 그 다음에 원하는 것 무엇이든 먹으시오.

11

I blame NYC for this. There are not enough public toilets. We have a right to pee!

나는 이게 뉴욕시 때문이라고 본다. 공공 화장실이 부족하다. 우리에게는 오줌 쌀 권리가 있다!

- ○ blame A for B B를 A 탓이라고 비난하다
  - People blame the authorities for the accident.

    사람들은 이 사고를 당국의 탓이라고 비난한다.

- ○ have a right to+동사 …할 권리가 있다
  - She has a right to pee anywhere she wants.

    그녀는 그녀가 원하는 곳 어디서든 오줌을 쌀 권리가 있다.

◁ SNS 시대필수, 영어로 댓글 써보자!

1 Why _____ are you calling her a celebrity?

도대체 왜 이 여자를 유명인이라 부르는 겁니까?

2 Starbucks! Please, let her _____!

스타벅스! 제발 이 여자 오줌 좀 싸게 해주시오!

[정답] **1.** on earth **2.** pee

KK Admits Sometimes She Posts Photoshopped Pics Just Like Any Other Celebrity

킴 카다시안, 자신도 다른 유명인처럼 가끔 포토샵으로 다듬은 사진을 올린다고 인정하다

도대체 무슨 내용일까

대중의 관심을 먹고 사는 킴 카다시안이 자신이 각종 SNS에 올리는 사진 중 포토샵으로 처리한 사진이 있음을 인정했다는 기사가 떴다. 싫어하는 사람은 거의 증오에 가깝도록 싫어하지만, 거의 숭배라 할 정도의 열성팬도 많다. 아무튼 부정적인 관심마저도 현금화시킬 수 있는 놀라운 능력으로 자타공인 celebrity의 화려한 삶을 영위하는 킴에 관한 기사에 어떤 댓글이 달렸는지 살펴보자.

Words & Phrases

- ☐ **Big deal** 대단한 일인가 (대단한 일이 아니다)
- ☐ **who cares** 누가 신경 쓴다고 (아무도 신경 쓰지 않는다)
- ☐ **click** (마우스로) 클릭하다
- ☐ **comment** 언급, 발언, 댓글
  – write a comment 댓글을 달다
- ☐ **jealous** 질투하는
- ☐ **freaky** 소름끼치게 이상한
- ☐ **vomit** 토하다, 게워내다
- ☐ **atrocious** 극악무도한, 끔찍한
- ☐ **gorgeous** 멋진, 아름다운
- ☐ **as it is** 현재 그대로, 있는 그대로
- ☐ **attention** 관심, 주목
- ☐ **crave** 몹시 원하다, 갈망하다, 갈망
- ☐ **decent** 품위 있는

1. uh… sometimes?

2. So she thinks she is a celebrity. Interesting…

3. Big deal. Who cares?
   - I think you care. You clicked on her article and wrote a comment.

4. Is it possible to look that ugly?
   - Seems like it is. Look at her.
   - I think she is awesome. People are SO jealous.

5. She forgot to photoshop that photo.

   - Obviously. Photoshopped photos are supposed to be pretty, not freaky.
   - That pic desperately needs to be photoshopped.
   - Absotively posilutely vomitrocious.

6. Is it really necessary for her to photoshop her pictures? She is gorgeous as it is.
   - gorgeous? Must go to the eye doctor. I mean you, not KK.

7. Let's not pay attention to anything she does. Not even by pressing 'hate' button.
   - True. That's the only cure for patients with an attention craving disorder.

8. Where is a bear when we need him?
   - Hey, bears are decent animals. Why would they eat trash?

uh... sometimes?
어… 가끔?

✪ '가끔' 포토샵 처리한 사진을 올린다는 말에, 가끔이 아닌 '자주' 올릴 거라는 뉘앙스의 댓글이다.

So she thinks she is a celebrity. Interesting...
그러니까 이 분은 자신을 유명인으로 생각한다는 건데, 흥미롭군…

✪ 킴은 유명인이 아니라는 어감으로 비꼬는 댓글이다. interesting은 실제로 흥미로울 때도 쓰이지만, 전혀 흥미롭지 않은 상황을 비꼴 때도 자주 쓰인다. 이 댓글에서도 비꼬는 의미로 쓰였다. 정말 흥미로울 때, 비꼬는 어감 없이 쓰고 싶으면 intriguing을 쓰면 좋다.

A: Interesting… 흥미롭네.
B: You mean, interesting interesting or sarcastically interesting?
진짜 흥미롭다는 거야, 아니면 비꼬는 투로 흥미롭다는 거야?
A: I mean it. It is very intriguing. 진심으로 한 말이야. 정말 흥미로워.

Big deal. Who cares?
- I think you care. You clicked on her article and wrote a comment.

그게 뭐 대수인가. 누가 신경 쓴다고.
- 당신이 신경 쓰는 것 같은데. 그녀의 기사를 클릭해서 들어와 거기에 댓글을 달았으니.

✪ Big deal. 단어 그대로의 의미는 '큰 일, 대단한 일'이라는 뜻이지만, 실제로는 정반대의 의미인 '그게 뭐 대단한 일인가, 조금도 대단한 일이 아니다'의 뜻으로 쓰인다. 우리말에서도 무언가 잘못한 사람에게 빈정거리면서 '잘 했다'고 말하는 것과 같다.

그래서 (It's) No big deal, (It's) Not a big deal이 Big deal과 같은 의미의 표현이다.

◐ Who cares? 누가 신경 쓰는가. 즉 아무도 신경 쓰지 않는다는 의미이다.

- Why are you doing this? Who cares? Just leave it as it is. Nobody cares.
이거 왜 하고 있는 건데? 누가 신경 쓴다고? 그냥 놔둬. 아무도 신경 쓰지 않아.

4

Is it possible to look that ugly?
- Seems like it is. Look at her.
- I think she is awesome. People are SO jealous.

저 정도로 못생겨 보이는 게 가능한가?
  - 가능한 것 같아요. 저 여자 좀 보세요.
  - 나는 그녀가 멋지다고 생각한다. 사람들은 정말이지 너무 질투한다.

☛ Is it possible for+사람 to+동사? 누가 …한다는 게 가능한가?
  – Is it even possible to photoshop all of her pictures? There are tons of them.
     그녀의 사진 전부를 포토샵 처리하는 게 가능하긴 해? 사진이 엄청나게 많잖아.

5

She forgot to photoshop that photo.
- Obviously. Photoshopped photos are supposed to be pretty, not freaky.
- That pic desperately needs to be photoshopped.
- Absotively posilutely vomitrocious.

킴이 저 사진은 깜빡하고 포토샵을 안 했나봐.
  - 당연한 말씀. 포토샵 한 사진은 예뻐야지, 괴상하면 안 되잖아요.
  - 저 사진은 포토샵 처리가 절실하다.
  - 완전하고도 분명하게 토 나올 정도로 끔찍하다.

☛ She forgot to photoshop that photo. 포토샵 했다는 사실을 잊어버린 게 아니라, 저 사진을 올리기 전에 포토샵을 해야 하는데 잊고 하지 않았다. 즉 킴이 사진을 포토샵으로 처리한 후 올린다고 하자, 저 사진도 포토샵을 했을 텐데 저렇게 못 나왔느냐는 의미의 댓글이다.

forget[remember]+to 부정사 vs. 동명사

forget[remember]+to 부정사 (나중에) 해야 할 일을 잊다[기억하다]
  – Don't forget to close the door. (나중에) 문 닫는 거 잊지 마시오.
  – Did you remember to close the door? (나중에) 문을 닫아야 한다는 거 기억났어?

forget[remember]+ ~ing (과거에) 이미 한 일을 잊다[기억하다]
  – I remember closing the door when I left home.
     내가 집을 나올 때 문을 닫았다는 사실을 기억한다.
  – I forget about closing the door. (과거에) 문을 닫았다는 사실을 잊다.

☛ absotively posilutely vomitrocious : 여러 단어를 섞은 구어체 표현으로 사전에는 없다.
   absolutely 완전히 + positively 분명하게 = absotively posilutely
   vomiting 토가 나오는 + atrocious 극악무도한 = vomitrocious

6

Is it really necessary for her to photoshop her pictures? She is gorgeous as it is.
- gorgeous? Must go to the eye doctor. I mean you, not KK.

그녀가 사진을 포토샵 처리할 필요가 있나? 안 고쳐도 매력적인데.
– 매력적? 안과 좀 가보시오. 킴 말고 당신.

✪ Is it really necessary for+사람 to+동사? 누가 …할 필요가 정말 있는가? 즉, 그럴 필요 없다. 앞서 나온 Is it possible for+사람 to+동사 구문과 흡사한데, 이런 구문을 통으로 외워두면 좋다. 댓글의 의미는 It is not necessary for Kim to photoshop her pictures because she is gorgeous as it is.(그녀는 그대로도 매력적이라 사진을 보정할 필요가 없다)이다.

– Is it really necessary to put this useless article about Kim in a newspaper?
킴에 관한 이런 쓸데없는 기사를 신문에 실을 필요가 있을까?

7

Let's not pay attention to anything she does. Not even by pressing 'hate' button.
- True. That's the only cure for patients with an attention craving disorder.

그녀가 무슨 짓을 하던 관심을 갖지 맙시다. '싫어요' 버튼조차 누르면 안 됩니다.
– 맞아요. 관종 장애 환자들에게는 그게 유일한 치료법이지요.

pay attention to~ …에 관심을 가지다
– Does anybody pay attention to Kim? No? Me neither.
킴에게 관심 보인 사람 있어요? 없어요? 나도 관심 없어요.

patient with+병명 …병을 가진(앓는) 환자
patient with cancer 암 환자
– Patients with cancer need nursing care plans.
암 환자들을 위한 돌봄 계획이 필요하다.

an attention craving disorder 관심을 과도하게 갈망하는 기능 장애
이런 병은 실제 없고, SNS 등을 통해 다른 사람들의 관심을 받으려고 애쓰는 사람들을 가리키는데, 우리말 '관종'처럼 부정적인 어감이다.
– She always tries to get attention, so I call her an attention seeker, or a person with an attention craving disorder.
그녀는 항상 관심을 끌려고 애써서 나는 그녀를 관종, 또는 관심 갈망 장애 환자라고 부른다.

8

Where is a bear when we need him?
- Hey, bears are decent animals. Why would they eat trash?

필요할 때 곰은 어디에 있는 거야?
　　− 이봐, 곰은 괜찮은 동물이야. 곰이 왜 쓰레기를 먹겠어?

✪ 이 댓글을 쓴 사람은 킴을 매우 싫어하는 모양이다. 한 마디로 곰더러 킴을 잡아먹으라
는 뜻인데, 대댓글을 단 사람은 킴을 trash 쓰레기로 지칭하며 곰도 쓰레기 같은 킴은 먹
지 않을 거라며 한 술 더 떴다.

◔ **Where is~ when we need~ ?** …가 필요한데 …는 지금 어디 있는 거야?
　　− Where is **God** when we need **him?** 필요할 때 신은 어디에 있는 것인가?

◁ **SNS 시대필수, 영어로 댓글 써보자!**

1 KK photoshoped her photos… Well, it's her job. Not _____
at all. KK가 자기 사진을 포토샵했다… 그건 그녀의 직업인데. 별 일도 아님.

2 Is it _____ for Kim not to photoshop her photos before
posting them? 킴이 사진을 올리기 전에 포토샵하지 않는 게 가능한가?

3 Photoshopped or not photoshopped, she is very unlikable
_____ . 포토샵을 했든 안 했든, 그녀는 현재로도 아주 비호감이다.

[정답] **1.** a big deal　**2.** possible　**3.** as it is

Episode **007**

Child Marriages In the US

도대체 무슨 내용일까

● ● ●

부모의 동의로 미성년인 17세의 나이에 나이 많은 남자와 결혼해서 학교도 제대로 다니지 못한 채 남편의 학대와 폭력을 참으며 끔찍한 결혼을 생활을 해야 했던 한 십대 소녀의 이야기와 함께, 미국에서 공공연히 벌어지고 있는 어린이 결혼을 비판하는 기사가 실렸다. 이슬람 문화권이 아니라, 미국에서도 이런 일이 왕왕 벌어진다는 사실에 여성 인권 단체가 나서야 한다는 목소리가 높다. 놀랍게도 뉴욕 시 법에 의하면 14세의 어린이의 경우 부모와 판사의 허락이 있으면 결혼할 수 있고, 16세인 경우 부모 동의만으로도 결혼이 가능하다고 한다.

Words & Phrases

- ☐ **dropout** (학교) 중퇴자 *college dropout 대학 중퇴자, *college reject 대학에서 거부당한(떨어진) 사람

- ☐ **creep** 살금살금 조용히 움직이다[기다], 대단히 싫은 (비호감인) 사람

- ☐ **traumatize** 정신적 외상을 가하다 *trauma 정신 적 외상

- ☐ **not exactly** 정확히 …는 아닌

- ☐ **abortion** 낙태 *abort 낙태하다 = have abortions

- ☐ **teen marriage** 십대의 결혼

- ☐ **forced marriage** 강제 결혼

- ☐ **religious** 종교의 *religion 종교

- ☐ **solve** 해결하다, 풀다 *solution 해결책, 풀이

- ☐ **custom** 관습

- ☐ **unless = if not~** …가 아니라면

1. Frankly I don't see a problem here. I was 18 and my wife was 16 when we got married.
   - So you and your wife were high school dropouts. I think I can see a problem here.

2. These old creeps don't care whether young girls are horribly traumatized or not.
   - We don't call them 'creeps' for nothing.

3. Have you seen teenagers in NYC? They are taller than I am and stronger than I am. 17 is not exactly a child.

4. I am pretty sure 17s are old enough to have abortions. And you say 17s are not old enough to get married?
   - Teen marriage is not wrong. What's wrong here are forced marriages.

5. I believe the girl in this article got married because of a religious reason. So the best way to solve her problem might be to leave her religion.
   - easier said than done. Leaving her religion means death.

6. In Islam, child marriage is totally OK. Just their custom and tradition. Unless you are dumb enough to try to change the Koran, leave them alone.

①

Frankly I don't see a problem here. I was 18 and my wife was 16 when we got married.
  - So you and your wife were high school dropouts... I think I can see a problem here.

솔직히 뭐가 문제인지 모르겠다. 내가 18살, 아내는 16살 때 우리는 결혼했다.
  – 그러니까 당신과 아내는 고등학교 중퇴자라는 건데… 나는 뭐가 문제인지 알겠는데.

◐ frankly = frankly speaking = to be frank 솔직히 말해서
이렇게 문장 전체를 꾸미는 부사로는,

specifically = specifically speaking = to be specific
구체적으로 말해서

honestly = honestly speaking = to be honest
정직하게 말해서 등이 있다.

　– Honestly speaking, **he is not my cup of tea. Actually I dislike him.**
　　정직하게 말해서 그는 내 타입이 아니다. 사실, 나는 그를 싫어한다.

　– **I have waited for a long time, 47 minutes and 30 seconds** to be exact.
　　나는 오랫동안 기다리고 있는데, 정확히 말하면 47분 30초 기다렸다.

◑ **I don't see a problem here** 뭐가 문제인지 모르겠다. 즉, 문제가 없다고 생각한다
　– If you see a problem, **fix it instead of whining about it.**
　　문제가 보이면 징징대지 말고 문제를 해결하라.

②

These old creeps don't care whether young girls are horribly traumatized or not.
  - We don't call them 'creeps' for nothing.

이 늙은 변태들은 어린 소녀들이 끔찍하게 정신적 외상을 입든 말든 상관하지 않는다.
  – 우리가 놈들을 괜히 변태라 부르는 게 아닙니다.

◑ **don't care whether~ or not** …이든 아니든 상관하지 않다
　– **What,** her parents didn't care whether **their daughter was happy** or not?
　　뭐야, 부모는 딸이 행복하든 말든 상관하지 않았다는 거야?

◑ **don't call A B for nothing** 괜히 A를 B라 부르는 게 아니다. …라 부르는 건 다 이유가 있다
　– **They** don't call **forced marriage 'a cruel custom'** for nothing.
　　강제 결혼을 '잔인한 관습'이라 불리는데 다 이유가 있다.

❸

Have you seen teenagers in NYC? They are taller than I am
and stronger than I am. 17 is not exactly a child.
뉴욕의 십대들을 본 적 있나? 걔들은 나보다 키도 크고 힘도 세다. 17세는 아이라고 할 수 없다.

- ☞ Have you (ever) seen~? …을 본 적이 있어?(경험)

  Have you heard~? …을 들어본 적이 있어?

  Have you done~? …을 해본 적이 있어?

  Have you thought~ ? …을 생각해본 적이 있어?

  Have you experienced~? …을 경험해본 적이 있어?
  - Have you seen a real magician in person?
    진짜 마법사를 대면해서 본 적이 있어?
  - Have you tasted her cooking? I have and it was not edible.
    그녀의 음식을 먹어본 적이 있니? 나는 있는데, 먹을 수 없는 거더라고.

- ☞ not exactly 정확히 …는 아닌(부분 부정)
  - Child marriage is not exactly a marriage. It's a crime.
    아동 결혼은 정확히 결혼이 아니다. 이건 범죄이다.
  - He is not exactly a compulsive liar. He's just a regular politician.
    그는 정확히 강박적인 거짓말쟁이는 아니고, 그저 평범한 정치인일 뿐이다.

❹

I am pretty sure 17s are old enough to have abortions. And
you say 17s are not old enough to get married?
 - Teen marriage is not wrong. What's wrong here are forced
   marriages.
내가 확신하기로 17세면 낙태를 할 정도의 나이이다. 그런데 17세가 결혼을 하기에는 충분치 않다는 말
인가?
 – 십대 결혼이 잘못되었다는 게 아니다. 여기서 잘못된 문제는 강제 결혼이다.

- ☞ old enough to+동사 …할 만큼 나이를 충분히 먹은

  not old enough to+동사 …할 만큼 나이를 충분히 먹지 않은 (…하기에는 어린)
  - Then how old is old enough to get married?
    그렇다면 얼마나 나이를 먹어야 결혼하기에 충분한 것인가?
  - When I realized I was not old enough to get married, my husband said,
    'No backsies.'
    내가 너무 어린 나이에 결혼했다는 걸 깨달았을 때, 남편은 나에게 '물리기 없기'라고 말했다.

- ☞ What's wrong is~ 잘못된 점은 …이다
  - What's wrong now is her life will be ruined forever.
    지금 잘못된 점(문제)은 그녀의 인생이 영원히 망치리라는 것이다.

5

I believe the girl in this article got married because of a religious reason. So the best way to solve her problem might be to leave her religion.

- easier said than done. Leaving her religion means death.

이 기사의 소녀는 종교적 이유 때문에 결혼했을 것이다. 그럼 소녀의 문제를 해결할 최선의 방법은 종교를 버리는 것일 것이다.

– 말이 쉽지. 그녀가 종교를 떠나는 건 죽음을 뜻하니까.

○ **the best way to+동사** …하는 최선의 방법
  – The best way to escape a forced marriage is to run away from it.
    강제 결혼에서 도망칠 최선의 방법은 강제 결혼으로부터 도망치는 것이다.

○ **Easier said than done** 행동하는 것보다 말하는 게 쉽다 (속담)
  A: The best way to get good grades is to choose only the right answers.
    좋은 성적을 받는 최고의 방법은 정답만 선택하는 거야.
  B: Obviously you have never heard of the saying 'easier said than done.'
    너는 '행동보다 말이 쉽다'는 속담도 못 들어 본 게 확실하구나.

6

In Islam, child marriage is totally OK. Just their custom and tradition. Unless you are dumb enough to try to change the Koran, leave them alone.

이슬람에서 아동 결혼은 전혀 문제가 없다. 그들의 관습과 전통일 뿐이다. 그들의 코란을 바꾸려고 시도할 만큼 멍청하지 않다면 그들을 가만 두어라.

⏻ unless~ ···하지 않다면, ···아니라면 (= if not)

- Unless you are dumb enough to do that. 그것을 네가 할 정도로 멍청하지 않다면.
- Unless she can be adopted by a non-Islamic family, there's nothing she can do. 이슬람이 아닌 가족에 입양되지 않는다면, 그녀가 할 수 있는 건 없다.

🔗 SNS 시대필수, 영어로 댓글 써보자!

1 Her parents agreed this marriage. Just _____ .

그녀의 부모가 이 결혼에 동의했다. 그들을 그냥 놔둬라.

2 Girls are _____ children, but they don't call them child marriages _____ .

소녀들이 정확히 어린이는 아닐지라도, 이를 괜히 아동 결혼이라 부르는 건 아닐 것이다.

[정답] **1.** leave them alone **2.** not exactly, for nothing

Episode 008

Faecal Bacteria Found in Expensive Coffee Chains' Iced Drinks

고급 커피 체인점의 아이스 음료에서 분변성 세균 발견!

도대체 무슨 내용일까

○ ○ ○

고급 커피 전문 프랜차이즈의 아이스 커피에서 분변성 세균이 나왔
다는 소식에 소비자들의 분노가 대단하다. 그도 그럴 것이 발견되었
다는 세균의 종류가 faecal bacteria 분변성 박테리아, 즉 대변과 관
련된 세균이라는 사실에 다들 기겁할 수밖에 없었다. 전세계적으로 체
인점을 개설한 고급 커피 하우스 브랜드여서 더욱 놀랄 수밖에 없는
데, 이에 대한 시민들의 반응을 댓글로 알아보자.

Words & Phrases

☐ **What the shit!** 제기랄! *shit 똥, 똥을 싸다

☐ **Big whoop** 대수로운 일이 아니다 = Big deal

☐ **line** 줄을 서다 *stand in a long line 긴 줄을 서서
기다리다

☐ **It takes me 15 minutes** 그것에 나는 15분
이 걸린다

☐ **highly likely** …가능성이 매우 높은

☐ **diarrhea** 설사 = loose bowel
*변비 constipation

☐ **apparently** 명백하게, 분명히, 누가 봐도 명백한

☐ **for decades** 수십 년 간

1. What the shit!

2. I knew it! It tasted like shit.

3. Just as I thought it would. The employees don't wash their hands after using the bathroom.
   - I know I don't wash my hands very often but still. ugh..

4. Big whoop. Everybody drinks iced coffee knowing it is shitty.

5. So I stood in a long line, what, to get a cup of iced-shit?
   - Yeah, it takes me 15 minutes every morning.

6 What do you say? Am I going to die soon?
   - No, but it's highly likely you'll have diarrhea.
   - Diarrhea can kill people. Yes, you are highly likely to die soon.

7. What? The secret ingredient of their amazingly refreshing iced coffee is shit?
   - Apparently.

8 Calm down, folks. You have eaten other foods filled with faecal bacteria almost everyday for decades. And you are not dead. yet.

① What the shit!
이런 우라질!

❌ **shit** 사전적인 의미는 '똥, 똥을 싸다.' 회화에서는 일종의 감탄사로 '제기랄, 빌어먹을'의 의미로 쓰인다. 형용사형 shitty는 형편없는, 더러운, 끔찍한. 'What the shit!'은 '빌어먹을!' 정도의 의미로 What the fuck!과 비슷한 뜻인데, 예의나 체면을 신경 써야 하는 상황에서는 적당하지 않은 속어 표현이다. 이 댓글을 쓴 사람은 shit의 사전적인 의미와 기사 내용을 고려하여, What the shit!을 쓴 것이다.

② I knew it! It tasted like shit.
어쩐지! 똥 맛이 나더라.

🔵 **taste like~** …같은 맛이다

맛이 끔찍할 때 : taste like shit, taste like hell, taste like dirty socks

매우 맛이 좋을 때 : taste like heaven, 또는 taste out of this world

taste like shit 맛이 끔찍하다. 원래는 음식의 맛이 없을 때 쓰는 일반적인 표현인데, 이 댓글에서는 분변성 세균에 오염되었기 때문에 다른 표현이 아닌 shit을 사용했다.

③ Just as I thought it would. Their employees don't wash their hands after using the bathroom.
　- I know I don't wash my hands very often but still. ugh...
그럴 수 있다는 생각이 든다. 그 직원들은 화장실 다녀온 후 손을 씻지 않는다.
　- 나도 손을 잘 씻지 않지만 그래도.. 으웩

🔵 **주절의 주어와 일치하지 않으면 종속절의 주어를 생략할 수 없다**

　– I brushed my teeth after eating doughnuts.
　　= After I ate doughnuts, I brushed my teeth.
　　도너츠를 먹은 후 이를 닦았다. (도너츠 먹은 사람 = 양치한 사람 = I)

　– I brushed my teeth after my brother ate doughnuts.
　　내 남동생이 도너츠를 먹은 후 나는 양치를 했다.
　(도너츠를 먹은 사람은 my brother, 양치를 한 사람은 I, 주어가 일치하지 않기 때문에 After eating his doughnuts, I brushed my teeth로 할 수 없다.)

4

Big whoop. Everybody drinks iced coffee knowing it is shitty.
뭔 대수라고. 다들 아이스 커피가 똥 같다는(끔찍하다는) 걸 알면서도 마신다.

- ○ Big whoop = Big deal 대수롭지 않은 일이다.
  - You won the bronze medal? Big whoop. There were only three contestants.
    동메달을 땄다고? 별일도 아니네. 참가자가 세 명이었잖아.
  - Don't be fooled by the shiny box. It's actually no big whoop.
    번쩍이는 상자에 속지 마. 사실 별 것도 아니야.

- ○ shitty 끔찍한
  마찬가지로 일반적인 의미의 '끔찍한'으로 해석할 수도 있고, 실제 분변성 세균이 나왔으므로 '똥 같은'으로 직역할 수도 있다.
  - I can't stand this kind of shitty situation. 이런 끔찍한 상황을 견딜 수 없다.

5

So I stood in a long line, what, to get a cup of iced-shit?
- Yeah, it takes me 15 minutes every morning.
그럼 내가 그 동안 줄을 길게 서서 기다린 게, 그러니까, 아이스 똥 한 컵을 얻기 위해서라는 뜻?
– 그러게요. 나는 매일 아침 15분씩 기다렸어요.

- ○ 중간의 ,what,은 단어 사이에 잠깐 숨을 고르거나 단어나 표현을 생각해낼 때 쓰는 단어로 큰 의미는 없고 '뭐랄까, 글쎄, 그러니까' 등으로 해석될 수 있다.
  - I am not exactly a good or necessary worker? You mean, what, I am fired?
    제가 딱히 좋거나 필요한 직원이 아니라니요? 그럼, 뭐야, 제가 해고된 겁니까?

- ○ it takes~ 시간이 …걸리다
  - It will take me forever to finish the exam.
    시험을 끝내는 데 나는 영원의 시간이 걸릴 것이다. = I won't be able to finish the exam.
  - It takes me hours to fall asleep and it's killing me.
    잠드는 데 몇 시간씩 걸리는데 정말 죽겠어.

What do you say? Am I going to die soon?
- No, but you it's highly likely you'll have diarrhea.
- Diarrhea can kill people. Yes, you are highly likely to die soon.

뭔 소리야? 그럼 내가 곧 죽는 건가?
- 그건 아니지만 설사에 걸릴 확률은 높아요.
- 설사가 사람 죽입니다. 맞아요, 당신은 조만간 죽을 가능성이 높습니다.

● **highly likely~** …할 가능성이 매우 높은 *highly probable도 비슷한 의미이다.

- I think it's highly likely (that) he will quit soon.
  나는 그가 곧 그만 둘 가능성이 매우 높다고 생각한다.

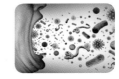

- It is highly likely he had hair transplant surgeries.
  그가 모발 이식 수술을 받았을 가능성이 매우 높다.

● **have+병명** 어떤 병에 걸리다. 병을 앓다

have diarrhea 설사에 걸리다 = have loose bowels **have cancer** 암에 걸리다

have constipation 변비에 걸리다 **have insomnia** 불면증에 걸리다

- Is it possible to have liver cancer with no symptoms?
  증상이 없는 간암에 걸릴 수 있습니까?

- This guy has pneumonia and coughs up blood.
  그는 폐렴에 걸려 피를 토하고 있다.

What? The secret ingredient of their amazingly refreshing iced coffee is shit?
- Apparently.

뭐라고? 말도 못하게 속이 시원한 아이스커피의 비밀 재료가 똥이라고?
- 명백하게 그렇습니다. (누가 봐도 그렇습니다.)

● **The secret ingredient of~ is shit?** …의 비밀 재료가 똥이라고?

의문문이므로 원칙적으로 Is the secret ingredient of ~ shit?이라고 써야 하지만, 구어체에서 주어와 동사를 도치시키지 않고 평서문에 물음표만 붙여 의문문으로 쓰기도 한다.

- You wrote this book? 이 책을 당신이 썼다고? = Did you write this book?

- He cheated on the test? He really did? 그가 시험에서 커닝을 했어? 정말 그랬어?
  = Did he cheat on the test? Did he really do that?

● **Apparently.** 그게 분명하네요. 당연합니다.

어떤 질문이나 언급에 대해 매우 당연하다. 누가 봐도 그렇다는 취지로 대답할 때 쓸 수 있는 표현이다. 비슷한 표현으로 Obviously도 있다.

8

Calm down, folks. You have eaten other foods filled with faecal bacteria almost every day for decades. And you are not dead. yet.

여러분 진정하세요. 수 십년 동안 거의 매일 분변성 세균이 가득한 다른 음식을 계속 먹어왔어요. 그래도 죽지 않았잖아요. 그러니까 아직은 죽지 않았다고요.

○ have+pp+for+기간의 복수형 …동안 …해왔다(현재 완료)

for decades 수 십 년 간   for hours 몇 시간 동안   for years 몇 년 간

for weeks 몇 주 간   for months 몇 달 동안   for ages 수세기 동안 (오랫동안)

— You have eaten salty food every day for decades.
짠 음식을 수 십 년 간 매일 먹어왔다.

— They have been sleeping on the floor for hours.
그들은 바닥에서 몇 시간 째 자고 있다.

○ not dead yet 아직 죽지 않았으나 언젠개[조만간] 죽을 수 있다

— He has not been dumped by her. I mean yet. But he will be sooner or later.
그는 그녀에게 차이지 않았다. 아직 차이지 않았다는 뜻이다. 하지만 조만간 그렇게 될 것이다.

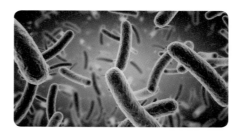

◁ SNS 시대필수, 영어로 댓글 써보자!

1 I spent my precious dollars on a cup of shitty coffee.
What _____ !

똥 커피 한 잔에 내 소중한 달러를 썼다니. 이런 우라질!

2 _____ . I have fixed meals for myself with my shitty hands for decades. I am still alive and very healthy.

별 일도 아니구만. 나는 더러운 손으로 수 십 년 간 음식을 만들어 먹었다. 여전히 살아 있고 매우 건강하다.

[정답] **1.** the shit **2.** Big whoop

58

Episode 009

Plus Size Woman Stands up for Herself : 'My Body Is None of Your Business!'

비만 여성 당당하게 맞서다 '내 몸은 당신이 상관할 바 아닙니다!'

도대체 무슨 내용일까

한 과체중 여성이 비행기를 탔는데, 옆에 앉은 남성이 스마트폰으로 친구와 여성의 신체를 놀리는 내용을 주고 받는 걸 발견했다. 심지어 자신의 사진을 몰래 찍어 친구에게 보내면서 모욕적인 인신공격이 대화방에서 오가자, 견디다 못한 여성은 문자를 주고 받는 남성의 사진을 찍어 자신의 SNS에 올리며 강력한 비난의 글을 실었다. 사회에서 빈번하게 놀림의 대상이 되는 비만인에 대한 차별과 선입견을 고발한 이 사건에 대해 어떤 댓글이 올라왔을까?

Words & Phrases

□ **text message** 문자 *texting 문자 보내기
  *send messages 문자 보내다
  = send text messages

□ **shame** 수치심, 창피한 줄 아는 마음

□ **tease** 놀리다 *poke fun at~ …를 놀리다

□ **out loud** 소리를 내어, 큰 소리로

□ **vocal remark** 목소리를 내어 하는 언급

□ **hypocrite** 위선자

□ **overweight** 과체중의

□ **consequence** 결과

□ **nosy** 남의 일에 참견하기 좋아하는

□ **so what?** 그게 어때서?, 그게 뭐?

□ **get a life** 남의 일에 신경 쓰지 말고 자기 삶이나 살아라, 삶을 즐겨라

□ **appearance** 외모 (physical appearance 겉으로 보이는 신체 모습 = looks)

1. She sat next to him and secretly read his text messages? Shame on her!

2. He didn't tease her or make vocal remarks about her either. He just sent some text messages to his friend. Don't know what was wrong here.

3. She was the one who took photos of him texting about her and put his private messages on her tweeter. And she talks about social justice? What a hypocrite!

4. Being a fat person is her choice. It's up to her to live with consequences of that choice.
   - C'mon! He's the one who started it! And what he did was very very mean!

5. If you don't like what nosy idiots around your life say about you, just lose weight. It will be good for your health.

6. Why are people filming others and texting about others' lives?
   - because they are losers. That's what losers do.

7. She is fat, so what? Get a life, freaks!

8. Texting about an overweight woman? What are you, 12? Grow up, man!

9. It is definitely not ok to tease people about their appearance. I'm sure your preschool teacher taught you that.
   - I'm sure he can't remember his teacher's teaching because he has no brain.

Plus Size

10. This is what happens when you get caught poking fun of a total stranger on a flight.

1

She sat next to him and secretly read his text messages? Shame on her!

그녀가 남자 옆에 앉아서 몰래 그의 문자를 읽은 겁니까? 여자 분 부끄러운 줄 아세요!

○ shame on+사람 …는 부끄러운 줄 알라

- Teasing a lady just because she's not thin? Shame on you!
  날씬하지 않다는 이유만으로 아가씨를 놀려? 너는 부끄러운 줄 알아라!

2

He didn't tease her or make vocal remarks about her either. He just sent some text messages to his friend. Don't know what was wrong here.

그는 소리 내어 그녀를 놀리거나 말로 그녀에 대해 무슨 말을 한 게 아니다. 그는 그저 친구에게 문자를 좀 보냈을 뿐이다. 도대체 뭐가 문제라는 건지 모르겠다.

○ not either~ 역시 아닌

- He didn't study, and I didn't either. 그는 공부를 안 했고 나 역시 안 했다.
- You can't meet him any time soon. Not today, not tomorrow either.
  너는 그를 곧 만날 수 없다. 오늘도 아니고, 내일 역시 아니다.

3

She was the one who took photos of him texting about her and put his private messages on her tweeter. And she talks about social justice? What a hypocrite!

자신에 대해 문자를 보내는 그의 사진을 찍고 남자의 사적인 문자를 자신의 트위터에 올린 건 바로 여자이다. 그리고서 사회의 정의를 운운하다니! 이런 위선자가 다 있나!

○ She was the one who~ …한 사람은 바로 (다름 아닌) 그 여자이다(강조)

- She was the one who was nosy. Don't know why she was so upset.
  남의 일에 참견한 사람은 바로 그녀이다. 그녀가 왜 화가 났는지 모르겠다.
- You are the one who hit me. And you reported me to the police?
  나를 때린 건 바로 당신이야. 그런데 나를 경찰에 신고해?

○ What+a+명사! 정말 …하다!

- What a hypocrite! 이런 위선자를 다 보았나!
- What a boy! 이런 대단한 소년이 다 있다니!

4

Being a fat person is her choice. It's up to her to live with consequences of that choice.
- C'mon! He's the one who started it! And what he did was very very mean!

비만인 건 그녀의 선택이다. 그 선택의 결과를 안고 사는 건 그녀가 감당할 일이다.
- 거 참, 먼저 시작한 건 바로 남자라고요. 게다가 남자가 한 짓은 아주 아주 비열했어요!

○ It's up to her. 그녀에게 달렸다. 그녀가 해결할(감당할) 일이다.
- You can accept his offer or you can refuse it. It's up to you.
  그의 제안을 받아들일 수도 있고 거절할 수도 있다. 너에게 달렸다. (네가 결정하면 된다)

○ live with consequences of~ …의 결과를 안고 살다
- You are the one who has to live with consequences of what you did, not me! 네가 한 짓의 결과를 안고 살아야 하는 사람은 바로 너지, 내가 아니다!

5

If you don't like what nosy idiots around your life say about you, just lose weight. It will be good for your health.

주위에서 남의 일 참견하기 좋아하는 멍텅구리들이 하는 말이 듣기 싫다면, 살을 빼세요. 건강에 유익할 겁니다.

○ lose weight 체중을 감량하다 ↔ gain weight 체중이 늘다
- The best way to lose weight is to eat right and exercise regularly.
  체중을 감량하는 최고의 방법은 제대로 먹고 정기적으로 운동하는 것이다.

6

Why are people filming others and texting about others' lives?
- because they are losers. That's what losers do.

왜 사람들은 남의 삶을 찍고 문자를 보내는 것인지?
- 머저리들이기 때문입니다. 원래 머저리들은 그런 짓을 합니다.

○ 선행사를 포함한 관계 대명사 what
- I don't like what idiots say about me. 멍텅구리들이 나에 대해 말하는 것이 싫다.
- This is what happens when you call me names.
  나에게 욕을 하면 이런 일이 벌어지는 것이다.
- Tell me what you said at the meeting yesterday.
  어제 회의에서 당신이 말한 것을 나에게 말해주시오.

7

She is fat, so what? Get a life, freaks!

그녀는 뚱뚱하다, 그게 뭐? 당신이나 잘 사세요, 괴짜들아!

◐ **so what?** 그게 어때서? 그게 뭐 어떻다고?

– He lied to you again? So what? He's a cheater. That's what cheaters do.
He is supposed to lie to you. 그가 또 거짓말을 했다고? 그게 뭐? 그 사람 바람둥이잖아. 원
래 바람둥이들은 그래. 거짓말을 하게 되어 있다고.

◐ **get a life** 자기 삶을 갖다

남의 일에 참견하지 말고 자기 삶이나 잘 살라는 뜻인데, 문맥에 따라 '따분하게 살지 말고 삶을 즐기
라'는 의미로도 쓰인다.

– I know you have nothing else to do because you have no job or friends.
But stop being nosy and get a life, for God's sake.
직업도 없고 친구도 없어서 달리 할 일이 없다는 건 알지만, 남의 일에 신경 끄고 너나 잘 사세요.

– All work and no play makes Jack a dull boy! Get a life!
일만 하고 놀지 않으면 재미없는 사람이 된다는 말 있잖아! 삶을 즐겨!

8

Texting about an overweight woman? What are you, 12? Grow up, man!

과체중 여성에 대해 문자를 보내다니? 당신 뭐하는 사람이야, 12살 애야? 철 좀 들어라.

◉ **What are you, 12?** 당신 12살 어린애야?

이 표현은 You are so childish (당신은 아주 유치하다)의 의미이다. 반드시 12살일 필요
는 없고, 상대에게 유치하다, 철이 덜 들었다는 의미를 전달하려는 것이므로 7살이나 5
살, 15살도 상관없다.

A: If you don't apologize to me, I will give you a painful wedgie.
나에게 사과하지 않으면 고통스러운 똥집을 날려주겠다.

B: Give me a wedgie? What are you, 9? 나에게 똥집을 날려? 너 9살이야?

A: OK. Then, I will tell on you to your mom. 좋아. 그럼 너희 엄마에게 이르겠어!

B: You and I hit 60 this year, and my mom died ages ago. Grow up,
seriously. 너랑 나는 올 해 60살이고 우리 엄마는 오래 전에 돌아가셨어. 제발 철 좀 들어라.

9

It is definitely not ok to tease people about their appearance.
I'm sure your preschool teacher taught you that.
- I'm sure he can't remember his teacher's teaching
  because he has no brain.

남의 외모를 놀리는 건 절대 안 됩니다. 유치원 선생님이 분명 가르쳐주셨을 텐데요.
- 그는 뇌가 없어서 선생님의 가르침을 기억 못하는 게 분명합니다.

🔁 It is not OK to+동사 …하는 건 맞지 않다, …하면 안 된다

A: It's not OK to insult freaking wrinkly old farts.
   쭈글탱이 늙다리들에게 욕을 하면 안 된다.
B: Um… I think you just did. 어, 지금 당신이 욕을 한 거 같은데요.
A: I did? When? 내가? 언제?

10

This is what happens when you get caught poking fun of a
total stranger on a flight.

비행기 안에서 전혀 모르는 사람을 어리석게도 놀리다 걸리면 이런 일이 생기는 겁니다.

🔁 get caught ~ing …하다 걸리다, 붙잡히다

- You got caught reading her diary? Shame on you.
  그녀의 일기를 읽다 걸렸다고? 부끄러운 줄 알아라.

🔗 SNS 시대필수, 영어로 댓글 써보자!

1 He did something wrong, and so did she. Then, _____
both of them.

그도 잘못한 게 있고 그녀도 마찬가지이다. 그러니 둘 다 창피한 줄 아시오.

2 Tell him it's not _____ to tease other people about their appearance.
Oh, she already did that. Never mind.

그에게 남의 외모를 놀리면 못 쓴다고 말해주세요. 아, 그녀가 이미 했군요. 그럼 관두세요.

3 This is _____ when you don't ignore people who tease
you about your appearance.

당신의 외모를 놀리는 사람을 무시하지 않으면 이런 일이 벌어지는 겁니다.

[정답] **1.** shame on **2.** OK **3.** what happens

Episode **010**

A Stylish Iraqui Model Being Murdered for Looking Awesome

멋진 이라크 모델, 근사해 보여서 살해당하다

도대체 무슨 내용일까

• • •

말이 안 되는 것 같지만 실제 벌어진 사건이다. 잘생긴 금발의 모델 청년이 '너무 멋지다'는 이유로 시신이 참혹하게 훼손당한 상태로 바그다드에서 발견되었다. 패션 감각이 돋보이는 옷과 멋진 헤어스타일의 꽃미남 청년은 전부터 이슬람 과격주의자들로부터 살해 위협을 당했다고 한다. 경찰은 그가 미남 선발 대회에 출전하려고 준비 중이라는 소문도 이 사건의 한 원인이라 보고 있다. 기자는 평화를 사랑하는 대부분의 무슬림들이 이 사건에 경악하고 있다는 내용으로 기사를 마무리했는데, 서양에서는 이해할 수 없는 이 사건에 대한 대중의 반응은 어떨까?

Words & Phrases

☐ **good-looking** 잘생긴(handsome)

☐ **stylish** 스타일이 좋은, 패션 감각이 좋은

☐ **risk** 위험, 위험을 감수하다

☐ **unkempt** 머리를 빗지 않는

☐ **unshaved** 면도를 하지 않는

☐ **horrendous** 참혹한, 끔찍한

☐ **jealous** 질투하는

☐ **hate-filled** 증오심에 불타는

☐ **blood-thirsty** 피에 굶주린

☐ **maniac** 미치광이

☐ **dude** 놈, 녀석

☐ **insanely** 유별나게, 제정신이 아닌 수준으로

☐ **inhumane** 비인간적인, 잔혹한

1. If good-looking stylish guys risk getting murdered in Iraq, Caitlyne Jenner can live there very safely.

2. How sad, how horrible… but this young man should have known that muslims hate gay-looking men.

3. Unlike him, ISIS guys have literally zero fashion sense, not to mention they are unkempt and unshaved. No wonder they hated him so much.
   - Yeah. Those ISIS dudes are jealous bitches.

4. After all these horrendous things happened, and you still say muslims are peaceful? How dumb are you?

5. Some muslims are hate-filled, blood-thirsty maniac, some are peaceful normal citizens, just like Americans.

6. There is no mercy or love in Islam for those who don't follow their rules.

7. Americans were killed in insanely unhumane ways every day by Americans but we all think Americans love peace.
   - Americans love peace… that is the funniest thing that I've ever heard.

8. Who says Islam is a religion of peace?

9. This guy was killed not because he was stylish but because he was too gay-looking. Not all LGBQT are stylish.
   - true. My gay brother wears a leather jacket with the sleeves pushed up. It's so 80s.

1

If good-looking stylish guys risk getting murdered in Iraq, Caitlyne Jenner can live there very safely.

잘 생기고 잘 입은 남자들이 이라크에서 살해될 위험이 있다면, 케이틀린 제너는 거기에서 대단히 안전하게 살 수 있다.

✪ 앞서 나온 것처럼 케이틀린 제너는 성전환 수술로 여성이 된 후 남달리 여성스러워 보이는 스타일을 추구하며 환갑을 넘긴 나이에 란제리만 입고 잡지 표지 모델로 나서는 등 활발한 '여성' 행보로 주목을 끌고 있다. 제너는 호불호가 극명하게 갈리는 인물로, 이 댓글을 쓴 사람은 제너를 '잘생기고 스타일이 좋은 남자'와는 거리가 멀다며 제너를 비웃었다.

⟳ **risk ~ing** …의 위험이 있다 *be at risk of~ …의 위험에 놓여 있다
  – Investors know they risk losing all of their money.
    투자자들은 돈을 다 잃을 위험이 있다는 걸 알고 있다.

⟳ **get+pp** …를 입다, 당하다(수동)
  get fired 해고당하다　　**get injured** 부상당하다　**get paid** 급료를 받다
  get bullied 괴롭힘을 당하다　**get hit** 맞다　　　**get hurt** 고통을 당하다
  – Your finger got stuck in the window? Was it broken?
    손가락이 창문에 끼었다고? 부러졌니?

2

How sad, how horrible... but this young man should have known that muslims hate gay-looking men.

너무 슬프고 너무 끔찍하다... 하지만 이 젊은이는 무슬림들이 게이처럼 보이는 남자를 증오한다는 걸 알았어야 했다.

⟳ **should have+pp** …했어야 했지만 그렇지 않았다
  – I should have stayed home today.　오늘 집에 있을 걸.(실제 집에 있지 않았다.)

3

Unlike him, ISIS guys have literally zero fashion sense, not to mention they are unkempt and unshaved. No wonder they hated him so much.
 - Yeah. Those ISIS dudes are jealous bitches.

그와는 달리 ISIS 남자들은 패션 센스가 완전히 전무할 뿐더러 머리도 안 빗고 면도도 안 한다. 이 남자를 그토록 싫어한 건 당연하다.
 − 맞아. 이 ISIS 녀석들은 질투쟁이들이야.

⚙ **have zero~** …가 전혀 없다
    have zero fashion sense 패션 감각이 없다 = have no fashion sense
    have zero interest in~ …에 전혀 관심이 없다 = have no interest in~
    – He lacks common sense? He has zero common sense. Literally he knows nothing.
       그에게 상식이 부족해? 그는 상식이 전혀 없어. 말 그대로 아는 게 전혀 없다고.

⚙ **not to mention** …는 말할 필요도 없고 (let alone)
    이 댓글의 의미는 ISIS guys have no sense of fashion (they are poorly dressed), in addition, they do not brush their hair or shave. ISIS 남자들은 옷을 잘 못 입고, 게다가 머리를 빗거나 면도도 하지 않는다.
    – Her personality draws attention, not to mention her flashy clothes.
       그녀의 요란한 옷은 말할 필요도 없고 그녀의 성격도 관심을 끈다.

⚙ **No wonder = It's not surprising, It is natural** 당연하다. 놀랍지 않다
    – No wonder ISIS killed him. Killing is what they do.
       ISIS가 그를 죽인 건 놀랍지 않다. 살인은 원래 그들이 하는 짓이다.

⚙ **bitch** 일반적으로 여성에 대한 욕설. ISIS dudes는 남성이지만, 외모를 질투해서 누군가를 살해한 게 여성 같다는 뉘앙스로 bitches 표현을 사용한 것. jealous bitches 표현은 성차별적이고 저급한 욕설이지만, 원어민들이 어떤 상황에서 어떤 식으로 성차별적인 욕설을 농담처럼 사용하는지 살펴볼 수 있는 댓글이다.

4

After all these horrendous things happened, and you still say muslims are peaceful? How dumb are you?

이런 참혹한 일들이 일어난 후에도 무슬림들이 평화롭다니? 당신(기자)은 얼마나 멍청한 거야?

⚙ **How+형용사+동사+주어?(의문문) / How+형용사+주어+동사!(감탄문)**
    How dumb are you? 당신은 얼마나 멍청한 거야?(의문문)
    How dumb you are! 당신은 얼마나 멍청한지!(감탄문)

5

Some muslims are hate-filled, blood-thirsty maniac, some are peaceful normal citizens, just like Americans.
어떤 무슬림은 증오심에 불타고 피에 굶주린 미치광이이고, 어떤 무슬림은 평화로운 일반 시민이다. 미국인들처럼 말이다.

- **maniac** 미치광이, 정신병자 = wacko, weirdo *brainiac 천재, DC 코믹스의 슈퍼맨 이야기에 나오는 악당의 이름
  - You are a Harvard graduate and has a Ph.D. You are supposed to be a brainac, not a maniac.
    너는 하버드를 졸업했고 박사 학위도 있어. 미치광이가 아니라 천재이어야 한다고.

6

There is no mercy or love in Islam for those who don't follow their rules.
이슬람은 그들의 규칙을 따르지 않는 자들에게 자비나 사랑을 베풀지 않는다.

- **There is no mercy in~** …에 자비는 없다
  mercy는 명사로 '자비'의 의미. mercy와 관련해서 자주 접하는 표현은 Show no mercy(자비를 베풀지 마라, 무자비하게 처리하라) Have mercy on me!(나에게 자비를 베풀어 주십시오!) 등이 있다.
  - Please have mercy on him. He is just a kid, and he knows nothing.
    그에게 자비를 베풀어 주십시오. 그는 아이로, 아는 게 없습니다.

7

Americans were killed in insanely unhumane ways every day by Americans but we all think Americans love peace.
 - Americans love peace... that is the funniest thing that I've ever heard.
많은 미국인들이 미국인들에 의해 매일 대단히 처참하게 살해당하지만 우리는 미국인들이 평화를 사랑한다고 생각한다.
 - 미국인이 평화를 사랑한다… 이건 내가 들은 말 중 가장 웃긴 것이다.

- **in ~ ways[in a ~ way]** …방식으로
  in insanely inhumane ways 유별나게 비인간적인 방식으로
  in a horrible way 끔찍한 방식으로
  - The problem is that some farmers kill animals in unspeakable ways.
    문제는 일부 농부들이 말할 수 없이 극악한 방법으로 동물들을 죽인다는 데 있다.

8

Who says Islam is a religion of peace?
이슬람이 평화의 종교라고 한 사람 누구야?

⟳ **Who says~?** …라고 한 사람은 누구인가, 누가 …라고 말하는가?
- Who says Suu Kyi is a peace lover? She looked the other way when the army killed thousands of people!

  누가 수치 여사가 평화를 사랑한다고 말하는가? 군대가 수 천 명을 죽이는데 그녀는 모른 척했다.

9

This guy was killed not because he was stylish but because he was too gay-looking. Not all LGBQT are stylish.
  - true. My gay brother wears a leather jacket with the sleeves pushed up. It's so 80's.

이 남자가 살해당한 건 멋지게 입어서가 아니라 너무 게이처럼 보였기 때문이다. 모든 LGBQT가 다 패션 감각이 좋은 건 아니다.
- 맞는 말이다. 게이인 내 형은 가죽 재킷의 소매를 걷어 올리고 입는다. 완전 80년대 스타일이다.

⟳ **not all** 모두 다 그런 건 아니다(부분 부정)
- Not all LGBQT people are stylish. = Some of them are stylish, some are not stylish. 모든 성소수자들이 스타일리시한 건 아니다. = 일부는 스타일리시하고 일부는 아니다.

⟳ **It's so~** 몹시, 대단히 …이다
It's so 80's. 완전 1980년대 스타일이다.(구식이다)
You are wearing a long skirt?
It's so 2 years ago.
긴 치마를 입은 거야? 완전 2년 전 스타일이잖아.

❮ SNS 시대필수, 영어로 댓글 써보자!

1 He _____ different clothing. He knew he was surrounded by blood-thirsty ISIS guys.

그는 다르게 입었어야 했다. 피에 굶주린 ISIS 녀석들에 둘러싸여 있다는 걸 그도 알고 있었다.

2 The clothes the ISIS guys are wearing are _____ 80's. Where are the fashion police when we need them?

ISIS 녀석들이 입은 저 옷들은 완전 80년대 스타일이다. 필요할 때 패션 경찰은 어디에 있는 거야?

[정답] **1.** should have worn **2.** so

Cat Killer Sentenced to 16 Years in Jail for Stealing, Torturing and Killing 21 cats

21마리의 고양이를 훔쳐 고문하고 죽인 혐의를 받은 고양이 살해범, 16년 형을 선고받다

도대체 무슨 내용일까

캘리포니아의 한 남성이 무려 21마리의 고양이를 고문하고 잔인하게 죽인 혐의로 16년 형을 선고받아 화제다. 그는 주인이 있는 이웃의 고양이들을 고의로 훔친 뒤 살해했다고 한다. 발견된 고양이들의 시신이 매우 끔찍하게 훼손되어 있어서 지역 사회에 더 큰 충격을 안겨주었다. 피고의 정신과 병력에도 불구하고 이 고양이 살해범에 16년이라는 중형이 선고되었는데…

Words & Phrases

- serial killer 연쇄 살인범
- justice 정의
- dismember 사지를 절단하다(amputate)
- thank God 다행이다
- get out 출옥하다, 나오다
- upgrade 업그레이드하다, 한 단계 높이다
- compared to~ …와 비교할 때

- get jail time 감옥 형을 받다
- illegal 불법의, 불법 체류자 *legal 합법적인
- explanation 설명 *explain 설명하다
- poison 독 *poisonous 독성이 있는
- torture 고문하다
- bastard 사생아, 녀석, 새끼

1. What is he? A serial cat killer?
   - No, he is a future serial killer.

2. Only 16 years? Where is the justice for the cats?

3. Dismembered cats' body? Highly likely that he has already killed a man or men…

4. Are you kidding? 16 years is absolutely not long enough! This maniac will do this again when he gets out.

5. I hate cats but I am 100% sure this man would upgrade to humans if he didn't get caught. Thank God he is being locked up.

6. Interesting. The owner of a Chinese restaurant I used to go to killed cats all the time but he didn't get punished… although he just used poison, not tortured or anything.
   - Compared to this story, death by poison is a merciful death

7. so a cat killer gets more jail time than a man killer?

8. I am a cat person but I think he gets that many years because he looks like an arab.
   - must have been Muslim or illegal. That's the only possible explanation of his 16-year sentence.
   - I agree. He is a total bastard, but still…

①

What is he? A serial cat killer?
- No, he is a future serial killer.
뭐하는 녀석이야? 고양이 연쇄 살인범?
　– 아니오, 미래의 연쇄 살인범이요.

❂ **what vs. who**

What is he? 그는 뭐하는 사람이야?　　**Who is he?** 그는 누구야?

앞서 "What are you, 12?(너 12살이야?)"라는 표현에서도 나왔듯이, 사람에 대해 물을 때 의문사 what을 쓰면 무엇을 하는 사람인가에 대한 물음이 되고, who를 쓰면 정체를 묻는 물음이 된다.

– What is he? 그는 뭐하는 사람이야? **- He is a doctor.** 그는 의사야.

– Who is he? 그는 누구야? **- He is my cousin, John.** 그는 내 사촌 존이야.

②

Only 16 years? Where is the justice for the cats?
겨우 16년? 고양이를 위한 정의는 어디에 있는 거야?

❂ **only 16 years?** 겨우 16년 형?

= He only got 16 years? only라는 표현으로 보아 이 댓글을 단 사람은 16년이 너무 짧다고 생각한다. 너무 적거나 짧다고 생각하면 only(겨우), 너무 많거나 길다고 생각하면 whopping(무려)을 쓰면 된다.

– Only **$500? It's a steal.** 겨우 500 달러라고? 완전 거저네.

– A whopping **$500? What a ripoff!** 자그마치 500 달러라고? 완전 바가지잖아!

③

Dismembered cats' body? Highly likely that he has already killed a man or men...
고양이 사지를 절단했다? 이미 사람 한 명 혹은 그 이상을 살해했을 가능성이 매우 높다.

❂ **kill a man** 한 명을 살해하다　**kill men** 한 명 이상을 살해하다

* 불규칙 복수형 정리

tooth / teeth 치아　mouse / mice 생쥐　louse / lice 머릿니

bacterium / bacteria 박테리아　medium / media 매체, 미디어　datum / data 데이터

curriculum / curricula 커리큘럼　cactus / cacti 선인장　fungus / fungi 곰팡이

단수, 복수형이 동일한 명사 : sheep 양 deer 사슴 fish 물고기 moose 무스, 말코손바닥 사슴

4

Are you kidding? 16 years is absolutely not long enough! This maniac will do this again when he gets out.

지금 장난하나? 16년은 절대적으로 충분하지 않아! 이 미치광이는 나오면 똑같은 짓을 또 할 거라고.

- ○ Are you kidding? 농담이지? 상대의 말을 믿을 수 없을 때 쓰는 표현
  - Are you kidding? Please tell me you are kidding.
    지금 농담이지? 제발 농담이라고 말해줘.
  - You must be kidding.
    지금 농담하는 게 분명해.(역시 상대의 말을 믿을 수 없을 때)
  - Stop kidding around.
    농담(장난) 그만 해.
  - You are kidding yourself.
    너는 너 자신을 기만하고 있어.(자신을 속이다)

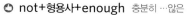

- ○ not+형용사+enough 충분히 …않은
  - He is not tall enough to be a basketball player.
    그는 농구선수가 될 만큼 충분히 키가 크지 않다.
  - I am not rich enough to buy that car. 나는 저 차를 살 만큼 충분히 부자가 아니다.
  - Being super pretty is not enough. You must be tall, skinny and rich to be my girl friend. 엄청 예쁜 거로는 부족해. 내 여자 친구가 되려면 키 크고 마르고 돈도 많아야만 해.

5

I hate cats but I am 100% sure this man would upgrade to humans if he didn't get caught. Thank God he is being locked up.

나는 고양이를 싫어하지만 이 남자는 잡히지 않았다면 (고양이에서) 사람으로 (살해행위를) 업그레이드 시켰으리라 100% 확신한다. 놈이 잡혀서 참 다행이다.

- ○ 가정법 (과거 사실의 반대) : 주어+would+have+과거분사, if+주어+had+과거분사
  댓글에서는 If he didn't get caught, this man would upgrade to humans으로 되어 있
  는데, 과거 사실의 반대를 가정하고 있으므로 If he hadn't gotten caught, this man would
  have upgraded to humans(가정법 과거 완료)로 써야 한다.

  = If he hadn't gotten caught, this man would have escalated to killing humans.

  - If he had studied hard, he could have passed the test.
    그가 열심히 공부했다면, 시험에 통과했을 것이다.

- ○ 진행형+수동태 – be being+pp
  - He is being locked up. 그는 현재 감금된 상태이다.
  - I am being bullied at work. 나는 직장에서 괴롭힘을 당하고 있다.

6

Interesting. The owner of a Chinese restaurant I used to go to killed cats all the time but he didn't get punished... although he just used poison, not tortured or anything.
- Compared to this story, death by poison is a merciful death

흥미롭군. 내가 갔던 중국집 주인은 노상 고양이를 죽여도 전혀 벌을 받지 않던데. 물론 고문이나 그런 거 없이 독약을 쓰긴 했지만.
― 이 이야기(기사)와 비교하니 독약으로 죽는 건 자비로운 죽음이네.

◐ or anything 뭐 그런 것
 – I wish all street cats would vanish, but would never wish that they were dismembered or anything.
   나는 거리의 고양이들이 죄다 없어지기를 바랐지만. 사지가 절단되거나 그런 걸 바란 적은 없다.
 – It's not like I am on a date or anything. He and I just hang out.
   내가 데이트를 하거나 그런 게 아니야. 그와 나는 그냥 만나서 시간을 보내는 거지.

◐ Compared to~ …와 비교해볼 때
 – Compared to what you did, his crazy behavior looks very normal.
   네가 한 짓과 비교할 때 그의 미친 행동은 대단히 정상으로 보인다.

7

so a cat killer gets more jail time than a man killer?
그럼 고양이 죽인 사람이 사람 죽인 사람 보다 감옥에 더 오래 있는 거네?

◐ get jail time = serve jail time = do one's time 감옥에 복역하다, 형을 살다
 – Will I get jail time for my first DUI?
   제가 첫 음주운전(Drive Under the Influence)인데 감옥에 갈까요?

8

I am a cat person but I think he gets that many years because he looks like an arab.
- must have been Muslim or illegal. That's the only possible explanation of his 16-year sentence.
- I agree. He is a total bastard, but still...

나는 고양이를 좋아하지만 그가 그렇게 긴 형을 받은 건 아랍계로 보이기 때문인 것 같다.
– 무슬림이거나 불법 체류자가 분명하다. 16년 형을 설명할 길은 그것뿐인 듯하다.
– 동의한다. 아주 나쁜 녀석인 건 맞지만 그래도…

☻ ~ person ···를 좋아하는, ···성향의 사람
   a cat person 고양이를 좋아하는 사람   **a dog person** 개를 좋아하는 사람
   a morning person 아침형 사람   **a night person = a night owl** 밤에 더 잘 활동하는 사람
   – I am a morning workout person. So I wake up early to exercise.
      나는 아침에 운동하는 스타일의 사람이다. 그래서 운동하려고 아침 일찍 일어난다.

☻ must have+pp ···임에 분명하다
   – He must have been an Arab or illegal alien.
      그는 아랍계이거나 불법체류자일 게 분명하다.

☻ That is the only explanation 유일한 설명이다. ···를 설명할 길은 이 뿐이다.
   – They are racists. That's the one and only explanation why they didn't hire Sam, the most eligible and qualified black candidate.
      그들은 인종차별주의자들이다. 이는 가장 적합하고 자격을 갖춘 흑인 지원자인 샘을 고용하지 않은 단 하나의 유일한 이유이다.

◄ SNS 시대필수, 영어로 댓글 써보자!

1 It's _____ he will kill people or has already killed people. He should be locked up.

그가 사람들을 죽일 것이거나 이미 죽였을 가능성이 높다. 그는 반드시 감금되어야 한다.

2 _____ other serial killers, his prison sentence sounds appropriate.

다른 연쇄 살인범들과 비교할 때 그의 감옥형은 적당한 것 같다.

3 He _____ a mental illness. That's the _____ explanation of his weird behavior.

그는 정신 질환을 앓고 있던 게 분명하다. 그의 미친 짓을 설명할 방법은 그 뿐이다.

[정답] **1.** highly likely **2.** Compared to **3.** must have had, only

Married Couples Must Have Separate Bank Accounts. Here's Why

결혼한 부부는 통장을 따로 관리해야 한다. 그 이유는…

도대체 무슨 내용일까

결혼한 부부는 한 살림을 하는 게 나을까, 각자 재산을 따로 관리하는 게 나을까. 미국의 경우 결혼 한 부부 중 7백만 이상이 배우자가 알지 못하는 통장이나 신용 카드를 갖고 있다고 한다. 이 기사는 비밀스럽게 통장을 따로 운영하기보다 공식적으로 각자의 통장을 갖고 살림을 공동으로 꾸려나가는 게 좋다면서, 경제적인 독립, 보험 상 혜택, 재산 관리 훈련 등을 그 이유로 소개했는데, 이런 기사를 접한 미국인들의 반응을 읽어보자.

Words & Phrases

- □ **independence** 독립
- □ **rely (on)** 의지하다
- □ **I bet** 내기하다, 장담하다
- □ **get married to** …와 결혼하다
- □ **back-stabbing** 배신하는
- □ **cheat (on)** 바람을 피우다, 커닝하다
- □ **joint finances** 공동 재정

- □ **bank account** (은행) 계좌, 통장
- □ **plan B** 차선책, 대비책
- □ **prepare** 준비하다 *preparation 준비, 대비
- □ **in case of~** …의 경우를 대비하여
- □ **leave** 떠나다, 뒤에 남기다 *leave-left-left
- □ **odd** 이상한, 홀수의
- □ **keep an eye on** …을 예의 주시하다

77

1. Where is trust?

2. I believe marriage is all about teamwork and partnership.

3. There is no place for independence in a marriage. A husband and wife live together, rely on each other and trust each other.
   - I bet this person has never been married before.
   - or never met a back-stabbing wife.
   - or never been backstabbed by an ever-cheating-and-lying husband.

4. Me and my husband have had joint finances for 5 years. So far, not a single problem.
   - you mean, not a single problem "yet".
   - Give them 2 more years, and they will have problems.

5. Separate bank accounts means a plan B in case of an expensive divorce.

6. This article says that I need to be prepared in case my spouse wants to leave taking all my money. Very helpful. Thanks a lot.

7. I think it is natural for married couples to have different bank accounts.

8. Odd… Doesn't every couple do that already?

9. Do not get married. If you are dumb enough to get married, keep an eye on your money. And never show your bank account balance to your partner!
   - That's very useful advice.

1

Where is trust?
신뢰는 어디로 갔는가!

2

I believe marriage is all about teamwork and partnership.
결혼이란 팀워크나 파트너십이 전부라고 생각한다.

❋ **A is all about B** A는 B가 전부이다. A에 있어서 B 빼면 아무 것도 아니다
　 그래서 이 댓글의 의미는 결혼에서 팀워크와 파트너쉽이 제일 중요하다는 뜻.
　 – If you ask me about marriage, I will say, 'it's all about money, not love.'
　　 나에게 결혼에 관해 묻는다면, 나는 '사랑이 아니라 돈이 전부다'라고 말할 것이다.

3

There is no place for independence in a marriage. A husband and wife live together, rely on each other and trust each other.
　 - I bet this person has never been married before.
　 - or never met a back-stabbing wife.
　 - or never been backstabbed by an ever-cheating-and-lying husband.

결혼에 독립을 위한 자리는 없다. 남편과 아내는 함께 살고 서로를 의지하고 서로를 신뢰한다.
　 – 이 사람은 전에 결혼을 해본 적이 없는 게 확실하다.
　 – 또는 배반하는 아내를 만난 적이 없던가.
　 – 또는 끊임없이 바람피우고 거짓말하는 남편으로부터 배신당한 적이 없거나.

◔ **There is no place for A in B** B에 A를 위한 자리는 없다.
　 – There is no place for **trust or love** in **marriage. Marriage** is all about
　 patience. 결혼에 신뢰나 사랑을 위한 자리는 없다. 결혼은 그저 인내일 뿐이다.

◔ **bet** 내기하다, 내기로 돈을 걸다, …을 확신하다
　 I bet (내기를 걸 정도로) 확신한다, 장담한다
　 – You bet! 물론이지, 당연하지!　　　 – Want to bet? 내기할래? (= Do you want to bet?)

◔ **backstab** (뒤에서) 험담하다, 중상[모함]하다, 배신하다(back 등, 뒤 + stab 칼로 찌르다)
　 back-stabbing 뒤에서 칼을 찌르는, 배신하는
　 – Liam acted like your friend, but he was the one who backstabbed you.
　　 리암은 네 친구인 척 행동하지만 너를 배신한 건 다름 아니라 바로 그이다.

4

Me and my husband have had joint finances for 5 years. So far, not a single problem.
  - you mean, not a single problem "yet."
  - Give them 2 more years, and they will have problems.

나랑 남편은 5년간 함께 재정을 관리했다. 지금까지 아무 문제도 없다.
  – 그러니까 "아직" 문제가 없다는 뜻이겠지.
  – 2년만 더 시간을 줘 봐요. 문제가 생길 테니.

🔵 **not a single problem** 단 하나의 문제도 없다
단 하나도 없음을 강조하기 위해 '하나'라는 표현을 이중으로 사용함. a(하나)+single(하나)

  – There is not a single person in the house. 집에 단 한 명도 없다.
  – Not a single friend was on my side. 단 한 명의 친구도 내 편이 아니었다.

🔵 **so far** 지금까지
  – So far, everything has been perfect. 지금까지 모든 것이 완벽하다.

5

Separate bank accounts means a plan B in case of an expensive divorce.
개별 통장이라는 건 값비싼 이혼에 대비한 플랜B[차선책]이라는 뜻이다.

🔵 **in case of vs. in case** 만약 …의 경우에 (아직 일어나지 않은 일. 사고)
in case of+명사[명사구]   in case+(that) 주어+동사
이 댓글에서는 in case of an expensive divorce(값비싼 이혼을 대비하여 : 명사구), 다음 댓글을 보면 in case my spouse wants to leave…로 '내 배우자가 떠나길 원할 때를 대비하여'(주어 my spouse + 동사 wants) 절이 왔다.

  – In case of an emergency, call this number. 긴급한 일이 생기면 이 번호로 연락해라.
    = In case there is an emergency, call this number.
  – Take your umbrella in case of rain. 비가 올 수도 있으니 우산을 가져가라.
    = Take your umbrella in case it rains.

6

This article says that I need to be prepared in case my spouse wants to leave taking all my money. Very helpful. Thanks a lot.

이 기사는 배우자가 내 돈을 다 갖고 떠나길 원할 때를 대비하라는 내용이군요. 큰 도움이 되었습니다. 고맙습니다.

❂ 이혼 소송에서 위자료 때문에 재산이 반쪽이 나는 정도가 아니라, 이런 저런 이유로 죄다 빼앗기는 것도 모자라 빚더미에 올라 거덜이 나는 경우가 간혹 있다. 이 댓글을 쓴 사람 역시 그런 경우를 언급한 것이다.

⟳ 현재 분사 ~ing (…하고 있는, …하는)

　　– My spouse wants to leave, taking all my money.
　　　배우자가 내 돈을 죄다 가지고 떠나버릴 원한다.

　　– Just sit next to the lady wearing sunglasses. 선글라스를 낀 여자 옆에 앉아라.

7

I think it is natural for married couples to have different bank accounts.

결혼한 부부가 각자 (서로 다른) 계좌를 가지는 건 대단히 당연하다고 생각한다.

⟳ it is natural to~ …하는 것은 당연하다
　　– It is natural to have their own separate accounts since no one can be trusted as far as money is concerned.
　　　돈에 관해서라면 아무도 믿을 수 없기 때문에 각자 분리된 통장을 가지는 건 당연하다.

8

Odd... Doesn't every couple do that already?

이상하네… 커플들은 다들 이미 그렇게 하고 있지 않나요?

❂ It is odd 이상하다. 이해할 수 없다
　　이 댓글을 쓴 사람은 이미 모두가 각자 통장을 관리하고 있다고 생각했는데, 이런 기사가 나오니 이상하다고 생각한 것이다.

⟳ every+단수
　　의문문인 댓글을 평서문으로 바꾸면 Every couple does that already.
　　– Every rose has its thorn. 모든 장미에는 가시가 있다.
　　'모든 장미'로 해석되지만 every는 단수로 받기 때문에 every rose (O), every roses (X).
　　동사 역시 주어인 every rose가 3인칭 '단수'라서 has. 그리고 every rose를 받는 대명사 역시 their가 아닌 its가 온다.

9

Do not get married. If you are dumb enough to get married, keep an eye on your money and never show your bank account balance to your partner!
  - That's very useful advice.

결혼하지 마라. 결혼할 만큼 멍청하다면, 자기 돈에 눈을 떼지 말고 통장을 배우자에게 절대 보여주지 마라!
  − 이거야 말로 진짜 유용한 충고구만.

⭐ …와 결혼하다

get married to+결혼 상대, be married to+결혼 상대, marry+결혼 상대

Will you marry me? (○) 나랑 결혼해 주겠소? Will you marry with me? (×)

She married you for a green card. = She got married to a US citizen.

그녀는 미국 시민권과 결혼했다.(실제 미국 시민권을 따기 위해 시민권자와 결혼한 후 자신도 시민권을 획득한 후 이혼하는 경우가 있다)

− He has been married twice, and divorced twice.

   그는 결혼을 두 번 했고, 이혼도 두 번 했다.

− I had dated him for years but he is married to someone else.

   나는 그와 수 년 간 데이트를 했지만, 그는 다른 누군가와 결혼한 유부남이다. (결혼한 상태)

🔗 SNS 시대필수, 영어로 댓글 써보자!

1 Marriage is _____ sharing.

결혼에서 공유를 빼면 없다.

2 There is _____ sharing finances in marriage, for marriage's sake.

결혼에서 재정 공유를 위한 자리는 없다. 결혼을 위해서 말이다.

Three-year-old Toddler Beaten to Death over Math Lesson

3살 여아, 수학 공부하다 맞아 죽다

도대체 무슨 내용일까

권투 선수로 훈련을 받는 20대의 젊은 아버지가 3살 된 딸아이를 대나무 막대기와 손으로 때려 아이가 사망한, 참으로 기가 막힌 사건이 발생했다. 3살배기 딸을 때려 죽인 이유가 너무 황당해서 이해하기 힘든데, 딸이 수학 문제를 틀리자 '험한 세상에서 살아남으려면 강해야 한다'며 있는 힘을 다해 때렸다는 것. 결국 딸을 강하게 키우겠다는 의지를 불태우던 이 아버지는 살인 혐의로 체포되었다.

Words & Phrases

☐ **wonder why~** …가 궁금하다

☐ **beat** 때리다, 패배시키다

☐ **solve** 풀다, 해결하다 *solution 해결책, 정답 *solve math problems 수학 문제를 풀다 *problem solving 문제 해결

☐ **equations** 방정식

☐ **differ** 다르다, 의견이 같지 않다 *different 다른 *difference 다름, 차이

☐ **death penalty** 사형

☐ **trial** 재판 *try 시도하다, 재판을 하다

☐ **be sentenced** 형을 선고받다

☐ **sincerely** 진심으로

☐ **precious** 소중한, 귀중한

☐ **fair enough** 꽤 공정한, 그건 인정해줄 만한

☐ **survive** 살아남다 *survival 살아남기

1. OMG. Freaking wackos are everywhere.

2. Wonder why her mom didn't protect this poor baby. Where was she?
- Probably he beat her to death because she couldn't solve math equations.

3. Child killers deserve to be sentenced to death.
- I beg to differ. They don't deserve to get trials or be sentenced. And the death penalty is much too merciful.

4. I sincerely hope they don't spend my precious tax dollars feeding this maniac.

5. I am strongly against the death penalty, of course except for this case.

6. Make this guy solve algebra questions. If he answers wrong, beat him to death.
- That's fair enough.
- While he is dying, don't forget to tell him, 'gotta be tough if you survive this tough world.'

7. Thank God he was not my math teacher.

1

OMG. Freaking wackos are everywhere.
세상에. 소름끼치는 미치광이들이 천지에 널렸네.

- ✪ **OMG = Oh My God** 세상에, 이런, 어이구

  앞에서도 OMG가 나왔는데, For crying out loud, For God's sake, For the love of (Pete, God) 등이 곤란하거나 놀라운 상황에서 쓸 수 있는 감탄사 표현으로 소개했다.

  이외에 몇 가지 더 소개하면, Oh My goodness, Great Scott, Good lord, Dear God, Bloody hell, Good grief, Holy smokes, Holy Moses, Holy mackerel, Holy cow 등도 자주 쓰이는 표현이다. OMG의 경우는 두문자로 자주 쓰이지만, 나머지 감탄사는 그렇지 않아서, 예를 들어 Holy smokes를 HS으로 쓰지는 않는다. Holy가 들어가는 감탄사 중 욕설에 가까운 표현으로는 Holy crap 또는 Holy crap on a cracker가 있고, Holy shit은 이보다 좀 더 상스러운 욕설에 해당한다.

- ☯ **~ are everywhere** …가 세상 어디에나 있다. …가 세상에 널렸다
  - Look around and think hard. Clues are everywhere.

    주위를 둘러보고 잘 생각해보시오. 실마리가 널려 있습니다.(실마리가 많다)

2

Wonder why her mom didn't protect this poor baby. Where was she?
- Probably he beat her to death because she couldn't solve math equations.

아이의 엄마는 왜 불쌍한 아이를 보호하지 않았나 궁금하다. 엄마는 어디 있었나?
– 아마도 엄마가 수학 방정식을 풀지 못해 아빠가 때려죽인 듯하다.

- ☯ **(I) Wonder why~** 나는 …가 궁금하다(회화, 구어체에서 주어 생략)
  - (It) Seems like he has a mental problem. 그는 정신적 문제가 있는 것 같다.
  - (I) Don't know. (I) Don't care. 나는 모르고, 관심도 없다.
  - (It) Turns out he is the one who hit her. 그녀를 친 건 바로 그 남자로 밝혀졌다.
  - (I am) Sorry to bother you. 번거롭게 해서 미안하다.

- ☯ **beat ~ to death** …를 때려서 죽이다

  be sentenced to death 사형을 선고받다   **put to death** 사형에 처하다

  stone to death 돌을 쳐서 죽이다   **be starved to death** 굶어 죽다

  be stabbed to death 칼에 찔려 죽다   **be bored to death** 지루해 죽을 지경이다
  - When I met him in the dark, I was scared to death.

    어둠 속에서 그를 만났을 때 나는 무서워 죽을 뻔했다.

3

Child killers deserve to be sentenced to death.
- I beg to differ. They don't deserve to get trials or be
  sentenced. And the death penalty is much too merciful.

어린이 살인자들은 사형 선고를 받아 마땅하다.

- 동의하지 않습니다. 놈들은 재판을 받거나 선고를 받을 자격이 없지요. 그리고 사형은 너무 심하
  게 자비롭습니다.

○ deserve to~ …마땅하다, …자격이 있다

- This so-called father doesn't deserve to get a trial.
  소위 아빠라는 이 사람은 재판을 받을 자격이 없다.

- Nobody deserves to die like that. 그런 식으로 죽어 마땅한 사람은 없다.

- You deserve this. Take it. You earned it.
  너는 이것을 받아 마땅하다(받을 자격이 있다.) 가져. 네가 노력해서 얻은 거야.

○ I beg to differ 동의하지 않는다. 제 생각은 다릅니다

예의바르게 반대 의사를 말할 때 쓰는 표현 = Sorry to say it but I can't agree with that(이렇
게 말씀드려 죄송합니다만 동의할 수 없습니다)

- I totally understand what you were saying but I beg to differ, sir.
  말씀하신 내용은 충분히 이해합니다만 제 의견은 다릅니다. 선생님.

4

I sincerely hope they don't spend my precious tax dollars
feeding this maniac.

이 미치광이를 먹이는데 내 소중한 세금을 쓰지 않기를 진심으로 바란다.

○ spend+시간[돈]+ ~ing …하는 데 돈[시간]을 쓰다

- How could you possibly spend three whole hours doing nothing?
  아무 것도 안 하고 3시간 전부를 보내는 게 어떻게 가능한가?

- You spent a whopping $300 on this teeny tiny stone? I know it's a gem,
  but still. 이 작고 작은 돌에 무려 300 달러나 썼다고? 보석이라는 건 알지만 그래도 말이야.

5

I am strongly against the death penalty, of course except for this case.

나는 사형을 강력하게 반대한다. 물론 이 경우는 예외이다.

- ⟳ be strongly against+명사[구], 동명사 ···를 강력하게 반대하다
  be strongly in favor of+명사[구], 동명사 ···를 강력하게 찬성하다
  - I am strongly against using chemical weapons.
    나는 화학 무기 사용을 강력하게 반대한다.
  - All employees were strongly in favor of his decision.
    모든 직원들은 그의 결정을 열렬히 지지했다.

6

Make this guy solve algebra questions. If he answers wrong, beat him to death.
  - That's fair enough.
  - While he is dying, don't forget to tell him, 'gotta be tough if you survive this tough world.'

이 자에게 대수학 문제를 풀게 하라. 답이 틀리면 때려죽여라.
  - 그거 공정하네.
  - 이 자가 죽어갈 때 '험한 세상에서 살아남으려면 강해야 한다'라고 말해주는 것도 잊지 말고.

- ⟳ make sb+동사원형 ···에게 ···를 시키다, ···하게 만들다
  - Do not make me hit you. 내가 너를 때리게 만들지 마라.
  - My boss makes me do all the work and that makes me angry.
    사장님이 나에게 모든 일을 하도록 시켰고, 그것이 나를 화나게 한다.

- ⟳ answer wrong 틀리게 답하다
  여기서 wrong은 형용사 '틀린'이 아니라 부사 '틀리게'이다.
  - I must have done it wrong. 내가 이것을 잘못 한 게 분명하다.
  - You are eating it wrong. You have to use this special fork when eating crabs. 먹는 방법이 틀렸다. 게를 먹을 때는 이 특수 포크를 사용해야 한다.

- ⟳ 기사에 아버지가 3세 딸을 때린 이유로 gotta be tough if you survive this tough world(험한 세상에서 살아남으려면, 강해져야 한다)라고 말했다는 내용이 있다. 그래서 댓글을 단 사람은 그 말을 그대로 아버지에게 해주자고 한 것이다. ···if you are going to survive this tough world 혹은 if you want to survive this tough world로 표현하면 더 좋다.

7

Thank God he was not my math teacher.

이 자가 내 수학 선생님이 아닌 게 천만다행.

○ **Thank God** 다행이다, 좋다
- Thank God **it's Friday!** 드디어 금요일! 기다리던 금요일이다! (줄여서 TGIF라고도 한다.)
- Thank God **nobody got hurt.** 아무도 다치지 않아서 다행이야.

◁ SNS 시대필수, 영어로 댓글 써보자!

1 A 3-year-old baby was beaten _____ by her own dad.
Unbelievable. 3세 아기가 자기 아빠에게 맞아 죽다니. 믿을 수 없다.

2 The government will _____ tax dollars feeding and clothing yet
another scumbag. 정부는 연이어 생기는 쓰레기 같은 인간을 먹이고 입히는데 세금을 쓰겠군.

3 _____ he taught his daughter. He looked indescribably dumb.
그가 어떻게 딸을 가르쳤는지 궁금하다. 그는 형언할 수 없이 멍청해 보이는데.

4 _____ he was arrested. 그가 체포되어 천만다행이다.

[정답] 1. to death   2. spend   3. Wonder how   4. Thank God

Little Girls Appear on the Catwalk in a Lingerie Show

속옷 패션쇼에 등장한 어린 소녀들

도대체 무슨 내용일까

중국에서 열린 한 패션쇼가 화제가 되었다. 사실 '화제' 보다는 '논란'이라는 표현이 더 정확할 것 같은데, 5세에서 10세 정도의 어린 소녀들이 속옷 모델이 되어 런웨이에 올랐기 때문이다. 유명한 성인 속옷 브랜드인 Victoria's Secret의 패션쇼에서 보던 특유의 날개와 화려한 깃털 장식 등을 단 속옷 패션쇼를 어린 소녀들이 그대로 재현해서 선보인 것이다. Victoria's Secret 패션쇼의 younger version 같은 분위기였다는데, 이에 대한 대중의 반응은 어떤지 알아보자.

Words & Phrases

- [ ] **cross the line** 선을 넘다, 도가 지나치다
- [ ] **social services** 사회 복지부서
- [ ] **investigate** 조사하다 *investigation 조사
- [ ] **involve in** …에 관련이 있다
- [ ] **pedophile** 소아 성애
- [ ] **have nothing to do with** …와 관련이 없다
- [ ] **condemn** 비난하다

- [ ] **circus costumes** 서커스 복장
- [ ] **talent show** 재롱잔치, 학예회
- [ ] **obnoxious** 역겨운(= disgusting)
- [ ] **heinous** 악랄한
- [ ] **atrocious** 극악무도한
- [ ] **liberal** 자유적인, 진보적인
- [ ] **radical** 근본적인, 급진적인

1. Absolutely cross the line.

2. Just let children be children, and please don't ruin their childhood.

3. Call child social services to investigate this disgusting case.
   - And call the police to arrest everybody who was involved in this disgusting show.
   - And don't forget to arrest the disgusting parents of these girls.

4. didn't know it's OK to show pedophile publicly in China

5. I heard there is nothing you can't find in China and it is true. You can even find a 5-year-old lingerie model there.

6. Victoria's Secret has nothing to do with this. It is unfair to blame V for this.
   - I know, but it's a great opportunity to condemn their obnoxious fashion show.

7. It is funny, or we can say weird, that the girls looked very serious as if they were in a real fashion show. They just looked like they were wearing circus costumes in a Kindergarten talent show.

8. Looks like China is more liberal and radical than America.
   - liberal and radical? You mean 'heinous and atrocious'.

9. Tell China how and why poor Benet Ramsey was killed.

①

Absolutely cross the line.
너무 도가 지나치다.

○ **cross the line** (지켜야 할, 넘지 말아야 할) 선을 넘다

댓글을 온전한 문장으로 쓰면, This absolutely crosses the line.

- All I did was call her a fat cutie. But she called me a super shorty! She's the one who crossed the line!

  나는 그저 그녀에게 뚱땡이 귀염둥이라고 불렀을 뿐인데 그녀는 나를 왕 땅꼬마라고 불렀어! 너무한 사람은 바로 그녀라고!

②

Just let children be children, and please don't ruin their childhood.
어린이는 어린이이도록 놔두고, 제발 동심 좀 파괴하지 마시오.

○ **let sb+동사원형** ⋯하게 두다, ⋯도록 하다

- Why do you let your children play this dangerous game?

  왜 아이들이 위험한 놀이를 하도록 놔둡니까?

③

Call the child social services to investigate this disgusting case.
- And call the police to arrest everybody who was involved in this disgusting show.
- And don't forget to arrest the disgusting parents of these girls.

이 구역질나는 사건을 조사하도록 어린이 복지부에 전화하라.
- 그리고 이 구역질나는 쇼와 관련된 모든 사람을 체포하도록 경찰에 전화하라.
- 이 소녀들의 구역질나는 부모들 체포하는 것도 잊지 마라.

○ **call ~ to** ⋯하기 위해 ⋯에 전화를 걸다[연락하다]

- You have to call me to make a reservation.

  예약을 하려면 나에게 전화해야 합니다.

○ **involve in** ⋯에 관련이 있다

- No one wants you to involve in this problem. Just stay out of it.

  이 문제에 네가 관여하는 걸 원하는 사람은 없다. 좀 빠져라.

4

didn't know it's OK to show pedophile publicly in China
중국에서 소아성애를 공개적으로 보여줘도 되는지 몰랐네.

- ◐ it is+OK+to+동사 ···해도 된다
    - You do know it is not OK to swear in a public place.
      공공장소에서 욕을 하면 안 된다는 걸 너도 잘 알고 있다.
    - It is totally OK to ask me a question. 나에게 질문해도 전혀 문제없다.(괜찮다)

    댓글을 달리 표현하면, I didn't know it was OK to sexualize children publicly in China.

5

I heard there is nothing you can't find in China and it is true. You can even find a 5-year-old lingerie model there.
중국에서 못 찾는 건 없다더니 사실이었다. 그곳에서 5살짜리 속옷 모델도 찾을 수 있다.

- ◐ 이중 부정
    - There is nothing you can't find. = You can find anything. 찾을 수 없는 건 없다.
    - There is nothing you can't do if you try hard enough.
      = If you try hard enough, you can do anything. 충분히 노력하기만 하면 못할 건 없다
    - I don't want nothing. = I want something. 나는 아무것도 원하지 않는 게 아니다.
    - She is not unattractive. = She is attractive. 그녀는 매력이 없는 게 아니다.

6

Victoria's Secret has nothing to do with this. It is unfair to blame V for this.
  ## - I know, but it's a great opportunity to condemn their obnoxious fashion show.
빅토리아 시크릿은 이 일과 전혀 상관이 없다. V를 이 일로 비난하는 건 공정하지 않다.
- 그건 알지만 이건 그들의 역겨운 패션쇼를 비난할 좋은 기회이다.

- ◐ have nothing to do with = don't have anything to do with ···와 관련이 없다
  have something to do with ···와 관련이 있다.
    - I need things that have something to do with Christmas, like socks or candles. 양말이나 양초처럼 성탄절과 관련이 있는 물건이 필요하다.
    - He doesn't have anything to do with this case. No need to investigate him. 그는 이 사건과 아무 관련이 없다. 그를 조사할 필요는 없다.

- ◐ It's an opportunity to~ ···할 기회이다
    - It's a good opportunity to break up with him. Tell him it's time to move on. 그와 헤어질 좋은 기회야. 그에게 이제 각자 갈 길을 갈 때라고 말해.

7

It is funny, or we can say weird, that the girls looked very serious as if they were in a real fashion show. They just looked like they were wearing circus costumes in a Kindergarten talent show.

재미있다고 해야 할지 이상하다고 해야 할지, 소녀들은 마치 진짜 패션쇼를 하는 듯 굉장히 진지해 보인다. 유치원 재롱 잔치에서 서커스 복장을 입고 있는 듯 보이는데 말이다.

- ○ **A or we can say B** A라고 할까, 아니면 B라고 말할 수도 있고
  - He is a Trump supporter, or we can say a racist, even though he says he's not. 그는 아니라고 말하지만, 그는 트럼프 지지자, 그러니까 인종차별주의자이다.

- ○ **as if** 마치 …인 것처럼
  - Play as if it's your last chance. 이번이 마지막 기회인 것처럼 경기하라.
  - He took my dogs away as if they were his pets.
    그는 마치 자기 애완동물인 양 내 개들을 데려갔다.

8

Looks like China is more liberal and radical than America. - liberal and radical? You mean 'heinous and atrocious.'

중국은 미국보다 더 진보적이고 급진적인 것 같다.
  - 진보적이고 급진적? '악랄하고 극악무도한'이겠지.

- ○ **China is more ~ than America.** 미국보다 중국이 더 …하다
  - I am more conservative than my grandpa. 나는 할아버지보다 더 보수적이다.
  - My little sister is taller and bigger than me.
    내 여동생은 나보다 키도 더 크고 몸집도 더 크다.

Tell China how and why poor Benet Ramsey was killed.
중국에게 불쌍한 베넷 램지가 어떻게 그리고 왜 살해당했는지 말해주시오.

✪ Jon Benet Ramsey는 1990년생 금발의 백인 여자 아이로, 아기 때 부터 각종 어린이 미인 대회를 휩쓸며 유명세를 탔다. 그렇게 어린 이 모델로 활동하다 6살 때 자신의 집 지하실에서 시신으로 발견되었다. 부모를 포함하여 많은 사람들이 용의자로 조사를 받았으나 결국 범인을 찾지 못한 미해결 사건으로 남았다. 램지를 미스 아메리카로 만들겠다는 부모의 지나친 열성이 6살 아이가 참혹하게 살해되는 결과를 낳았다며 당시 부모를 비난하는 목소리가 높았다. 수십 년이 지난 지금도 램지 살인 사건을 모르는 미국인이 없을 정도로 대단히 충격적인 사건이었다.

이 댓글을 단 사람은 부모들 등쌀에 어린 소녀들이 란제리 모델로까지 나서면 램지 양과 같은 불행한 사태가 생길 수 있다며 경고한 것이다.

⟳ **how and why** 어떻게 그리고 왜
   - What I want to know is how and why the accident happened.
     사고가 어떻게 그리고 왜 발생했는지 알고 싶다.
   - How and when did Queen Elizabeth die?
     엘리자베스 여왕은 어떻게 그리고 언제 사망했나?

❮ SNS 시대필수, 영어로 댓글 써보자!

1 V doesn't _____ this? That company gave
the obnoxious idea to China.

빅토리아 시크릿이 아무 관련 없다니? 중국에 역겨운 아이디어를 제공했는데도.

2 I thought the US was _____ disgusting _____ China.
Turns out two countries are equally disgusting.

나는 미국이 중국보다 더 역겨운 줄 알았다. 알고 보니 두 나라가 똑같이 역겹다.

3 Tell parents of these girls _____ this is so wrong.

이 소녀들의 부모들에게 이게 어떻게 그리고 왜 잘못된 건지 말해주시오.

[정답] **1.** have anything to do with **2.** more, than **3.** how and why

Episode 015

What to Put on Your Plate During Diet

다이어트 때 접시에 올려야 할 것들

도대체 무슨 내용일까

● ● ●

하버드 대학에서 연구한 최고의 다이어트 식단이 공개되었다. 이 연구조사의 핵심은 다이어트 시 줄여야 하는 건 지방이 아닌 탄수화물이라는 사실이다. 하루에 40그램 이하의 탄수화물을 섭취하는 게 지방을 줄인 식단보다 다이어트 효과가 더 크다는 것. 비만뿐 아니라 심장 질환에도 큰 영향을 미치는 건 지방식보다 고탄수화물식이라는데, 이 기사에 달린 댓글을 보면 저명한 대학의 연구 결과를 모두가 그대로 받아들이는 건 아닌 듯하다.

Words & Phrases

□ **roomie** 함께 방을 쓰는 사람, 룸메이트(roommate)

□ **carbs** 탄수화물(carbohydrates)

□ **slim** 날씬한, 얇은(thin, slender)

□ **cut** 자르다, 줄이다

□ **work wonders** 기적 같은 효과를 내다

□ **die of~** …로 사망하다

□ **starvation** 아사, 굶어 죽음 *starve 굶주리다, 굶어죽다

□ **expert** 전문가

□ **researcher** 연구원, 조사원 *research 연구, 조사(하다)

□ **saturated fat** 포화 지방 opp. unsaturated fat 불포화지방

□ **overthink** 너무 많이[과하게] 생각하다

□ **moderation in all things** 과유불급

□ **in spite of ~ing** …임에도 불구하고(despite)

1. My Asian roomie eats carbs three times a day and she is slim and healthy. How can you explain that?

2. Been there, done that, no 'work wonders'.
   - The best way to lose weight is not to cut carbs but to cut everything. Of course you can die of starvation, but still it works wonders for sure.

3. I am no expert on nutrition or anything, but I think cutting calories is a better answer than cutting carbs.

4. I thought Harvard researchers were super smart guys, but just cutting carbs and no need to cut saturated fat? That doesn't sound super smart.
   - Those so-called 'super smart' guys know nothing. They just overthink everything.

5. Moderation in all things. It is not right to say 'carbs are worse than fat'.

6. Eat less carbs during diet? C'mon, Harvard. You can do better than that.
   - Yeah. If you are smart as much as you say, you gotta tell me how I can be slim in spite of eating tons of doughnuts.

7. When did the Harvard research happen? It was back in the 90's. Is there anything new?

1

My Asian roomie eats carbs three times a day and she is slim and healthy. How can you explain that?
내 아시아인 룸메이트는 하루에 세 번씩 탄수화물을 먹는데 날씬하고 건강하다. 그건 어떻게 설명할 건지?

- **~mate** 함께 …하는 사람

  roommate 룸메이트(roomie)　　　　　**cell mate** 감방 동료, 감옥에서 한 방을 쓴 사람
  soul mate 애인, 마음이 통하는 사람　　**school mate** 같은 학교에 다니는 친구, 동기생
  - My cell mate became my work mate. Now he and I rob banks together.
    내 감방 동료가 내 직장 동료가 되었다. 이제 나는 그와 함께 은행을 턴다.

- **three times a day** 하루에 세 번 (a = per)

  a day = per day 하루에　　　　　　**a week = per week** 일주일에
  - My mom gets a medical checkup one time per year.
    엄마는 일 년에 한 번 건강 검진을 받는다.

2

Been there, done that, no 'work wonders.'
- The best way to lose weight is not to cut carbs but to cut everything. Of course you can die of starvation, but still it works wonders for sure.
다 해 봤다. '기적적인 효과'는 없더라.
- 체중 감량하는데 최고의 방법은 '탄수화물만 줄이는' 게 아니라 '무엇이든[뭐든] 다 줄여야' 한다. 물론 굶어 죽을 수는 있지만 기적 같은 효과가 날 건 확실하다.

- **Been there done that** 전에 다 해 보았다, 겪어 본 적이 있다

  Been there와 Done that을 따로 쓰기도 한다. Been there는 I have been there, 즉 거기 가본 적이 있다, 겪어 본 적이 있다는 뜻이고, Done that은 I have done that으로 해 본 적이 있다라는 말.
  - Dumped by the least popular girl in the school? Been there. That sucks.
    학교에서 제일 인기 없는 여자 애한테 차였어? 나도 겪어 봐서 아는데, 진짜 기분 더러워.

- **The best way to ~ is to ~** …하는 최고의 방법은 …하는 것이다
  - The best way to save money is to pay attention to small expenses.
    돈을 모으는 최상의 방법은 적은 지출에 관심을 갖는 것이다.

- **die of~** …로 사망하다
  - Can you believe it's possible to die of a broken heart?
    상심해서 사망할 수도 있다는 걸 믿을 수 있겠어?

3

I am no expert on nutrition or anything, but I think cutting calories is a better answer than cutting carbs.

나는 영양학에 전문가도 뭐도 아니지만, 칼로리를 줄이는 게 탄수화물을 줄이라는 것 보다는 더 나은 대답인 것 같다.

- ☻ be no+명사 …가 아니다
  - He is no stranger to death.

    그는 죽음에 관해 낯선 사람이 아니다.(죽음에 관해 알고 있다)
  - I am no saint or anything, but I think you are a little cruel.

    내가 성인인 건 아니지만, 네가 좀 가혹하다는 생각이 든다.

4

I thought Harvard researchers were super smart guys, but just cutting carbs and no need to cut saturated fat? That doesn't sound super smart.
  - Those so-called 'super smart' guys know nothing. They just overthink everything.

하버드 연구원은 엄청 똑똑한 사람들일 것이다. 그런데 탄수화물은 끊고 포화지방은 끊을 필요가 없다? 그건 엄청 똑똑한 말로 들리지 않는다.
  - 소위 '엄청 똑똑한' 녀석들은 아는 게 없다. 그저 모든 걸 너무 많이 생각할 뿐이다.

- ☻ 주어나 동사를 생략하고 필요한 단어만으로 의미를 표현

  just cutting carbs and no need to cut saturated fat? 제대로 된 문장이 아니지만, 대충 의미는 통한다. 회화에서 이런 식으로 말하듯 댓글도 이렇게 썼는데, they recommend just cutting carbs and not cutting saturated fat?이라는 의미이다.

- ☻ know nothing = don't know anything 아무 것도 모르다
  - He just sits there and does nothing.

    그는 그냥 저기 앉아서 아무것도 하지 않는다.
  - In order to protest, I will eat nothing from now on.

    항의하기 위해 이제부터 나는 아무것도 먹지 않겠다.
  - I can't be a witness because I saw nothing.

    나는 본 게 없기 때문에 증인이 될 수 없다.

- ☻ overthink 과도하게 생각하다. 불필요한 것까지 지나치게 생각하다
  - You overthink everything and that's why you worry so much.

    너는 모든 걸 과도하게 생각하고 그래서 너무 많이 걱정한다.

⑤

Moderation in all things. It is not right to say 'carbs are worse than fat'.

과유불급. '탄수화물은 지방보다 나쁘다'라고 말하는 건 옳지 않다.

- ☺ **Moderation in all things** 무엇이든 적당히, 즉 과유불급
  - – Just eat carbs in moderation and work out.

    탄수화물을 적당히 먹고 운동하라.

⑥

Eat less carbs during diet? C'mon, Harvard. You can do better than that.
  - **Yeah. If you are smart as much as you say, you gotta tell me how I can be slim in spite of eating tons of doughnuts.**

다이어트 중에 탄수화물을 적게 먹으라니? 하버드, 이보다는 더 잘 할 수 있을 텐데.

  - – 맞다. 본인들 말만큼이나 정말 똑똑하다면, 도넛을 몇 톤씩 먹어도 날씬해지는 방법 정도는 말해 줘야지.

- ☺ **You can do better than that** 이보다는 잘 할 수 있다

  이것밖에 못하느냐는 질책의 어감이다. 댓글의 경우 명색이 하버드에서 겨우 이 정도 해 결책밖에 내놓지 못하느냐는 의미이다.

- ☺ **eat less carbs during diet?**

  역시 이런 저런 문법 요소를 무시하고 원하는 의미를 간결하게 표현했다. A person should eat fewer carbs while dieting?의 의미이다.

  이어지는 대댓글도 일반적이지 않은 표현으로, I want them to tell me how I can be slim in spite of eating tons of doughnuts의 의미이다.

- ☺ **in spite of~ vs. in spite of the fact that~** …임에도 불구하고

  in spite of, despite+명사(구), in spite of the fact that, despite the fact that+절
  - – He became a basketball player in spite of being quite short.
    - = He became a basketball player despite of being quite short.
    - = He became a basketball player although (even though) he is quite short.
    - = He became a basketball player in spite of the fact that he is quite short.
    - = He became a basketball player despite of the fact that he is quite short.

    그는 키가 꽤 작은데도 불구하고 농구 선수가 되었다.

99

7

When did the Harvard research happen? It was back in the 90's. Is there anything new?

이 하버드 연구가 언제 된 겁니까? 완전 90년대 거네. 새로운 거 없나?

○ ~thing[~one]+형용사 …인 겟[…인 사람]

anything new 새로운 것

someone important 중요한 사람

something blue 파란 것

- I am looking for someone tall and lean, holding a green bag.
  내가 찾는 사람은 키가 크고 마른 사람으로 초록 가방을 들고 있다.

- Is there anything easy to cook for dinner?
  저녁 식사로 쉽게 요리할 수 있는 거 있나?

◁ SNS 시대필수, 영어로 댓글 써보자!

1 What is the best way to be slim _____ eating as many carbs as I want?

원하는 만큼 탄수화물을 먹으면서도 날씬해지는 최고의 방법은 무엇인가?

2 Cutting carbs? _____, done that. But I am still not slim. I need something more effective.

탄수화물을 줄여라? 다 해봤다. 하지만 아직 날씬하지 않다. 더 효과적인 다른 게 필요하다.

3 I am _____ Havard researcher or anything, but everybody already knew cutting carbs helps lose weight. Harvard, you can do _____ that.

나는 하버드 연구원 같은 건 아니지만 탄수화물을 줄이는 게 체중 감량에 도움이 된다는 건 이미 다들 알고 있다. 하버드, 이보다는 더 잘 할 수 있을 텐데.

[정답] 1. in spite of 2. Been there 3. no, better than

Parents of Boy Who Committed Suicide Sue his School

자살한 소년의 부모, 학교를 고소하다

도대체 무슨 내용일까

믿기 힘들지만 미국 신시내티의 공립학교에 다니던 8세 소년이 학교 폭력에 스스로 목숨을 끊는 비극적인 사건이 발생했다. 소년은 학교 화장실에서 정신을 잃을 정도로 얻어맞은 후 이틀 뒤 자신의 집에서 목을 맸다고 한다. 아이의 부모는 위험한 학교 환경과 폭력을 학교 측이 방치, 숨기려했다는 이유로 학교를 고소했고 지역 신문 뿐 아니라 전국적으로 많은 언론이 이 사건을 보도했다. 8세 소년의 자살이라는 안타깝고도 충격적인 이 사건에 대한 일반 시민들의 반응을 알아보자.

Words & Phrases

- □ **knock** 노크하다, 때리다 *be knocked 맞다
- □ **unconscious** 의식이 없는
- □ **hang** 매달다, 걸다 *hang oneself 스스로 목매다
- □ **unbelievable** 믿을 수 없는 *incredible 믿기 힘든, 믿을 수 없을 정도로 놀라운
- □ **unacceptable** 용납할 수 없는, 받아들일 수 없는
- □ **unthinkable** 생각할 수도 없는, 상상할 수 없는
- □ **commit suicide** 자살하다 = take one's own life
- □ **parental** 부모의
- □ **sue** 고소하다
- □ **punish** 벌을 주다 *be[get] punished 벌을 받다
- □ **severely** 심각하게, 대단히
- □ **knot** 매듭
- □ **horrendously** 극도로 무섭게, 엄청 끔찍하게
- □ **add up** 말의 앞뒤가 맞다, 말이 되다

1. Seriously, eight? Not eighteen? Really?
   - I couldn't believe what I just read, either.
   - Who could? Look at the picture. He's a baby!
   - just speechless

2. Is it even possible an 8-year-old boy is knocked unconscious or hangs himself?
   - Sounds impossible but turns out it is possible.

3. Unbelievable, unacceptable, unbearable and unspeakable!
   - plus unthinkable

4. If an 8 year-old boy committed suicide, I think there must have been parental problems. Investigate his parents while they sue the school.
   - Totally agree. His parents didn't know what happened to him, didn't do anything when the boy hanged himself. And now they are suing the school for money.
   - Too bad this boy can't sue his parents.

5. The school, the bullies, and his parents… all must be punished severely.

6. An 8-year-old boy planned to take his own life, had knowledge of knot types and the things needed to hang himself?
   - Something's seriously wrong about this story.
   - Where did he get the rope?

7. I myself was bullied horrendously and wanted to kill myself but I couldn't 'cause I didn't know how to do it. It doesn't add up.

1

Seriously, eight? Not eighteen? Really?
- I couldn't believe what I just read, either.
- Who could? Look at the picture. He's a baby!
- just speechless

진짜로, 8세? 18세가 아니고? 정말로?

― 나 역시 읽고도 믿지 못했네요.

― 누가 믿을 수 있겠어요? 사진 좀 보세요. 아기라고요!

― 말문이 막힌다.

🔹 **couldn't believe what I read** 내가 읽은 걸 믿지 못하다

what은 의문문이 아니라서 주어 I와 동사 read 순서가 바뀌지 않았다.

― **You** won't believe what I just heard. 내가 방금 들은 걸 너는 믿지 못할 것이다.

🔹 **Who could?** 누가 그럴 수 있겠어요?

= Who could believe it? = No one could believe it. 즉, 아무도 믿을 수 없다.

A: I wouldn't dream of eating worm cookies.

나는 애벌레 쿠키를 먹는다는 건 꿈도 꾸지 않는다.

B: Who would? 누가 그러겠어? (= No one would dream of eating worm cookies.)

🔹 **just speechless** 말문이 막힌다

구어체에서 말하듯이 주어와 동사를 생략하고 형용사만으로 댓글을 달았다. 이런 식의 표현은 댓글에서는 흔하다. = I am just speechless 또는 It left me speechless.

eight? 역시 문장으로 쓰면 He was eight? 또는 He was eight years old?인데, 다 생략하고 eight? 단어만으로 '8세라고?'의 의미를 표현했다.

2

Is it even possible an 8-year-old boy is knocked unconscious or hangs himself?
- Sounds impossible but turns out it is possible.

8세 소년이 정신이 잃게 얻어맞거나 목을 맨다는 게 가능하기나 한 일인가?

― 불가능할 것 같은데 가능하다고 밝혀졌네요.

🔹 **unconscious** 의식이 없는 상태의

― The boy was found unconscious. 소년은 의식 불명 상태로 발견되었다.

🔹 **hang** ① 걸다, 매달다 hang-hung-hung ② 목을 매다 (hang oneself) hang-hanged-hanged

― It's so tragic that his neighbor hanged himself in the house.

그의 이웃이 집에서 목을 맸다니 참 비극적이다.

3

Unbelievable, unacceptable, unbearable and unspeakable!
- plus unthinkable

믿을 수 없고, 받아들일 수 없고, 견딜 수 없고, 말로 형용할 수 없다.
　　－ 하나 더, 생각할 수도 없는 일이다.

　✪ 앞서 나온 just speechless처럼 주어와 동사 it is를 생략하고 형용사로만 댓글을 썼다.
　　맞게 쓰려면 주어와 동사 it is도 써야 하고, 문장의 첫 글자는 대문자로 써야 한다.

4

If an 8 year-old boy committed suicide, I think there must
have been parental problems. Investigate his parents while
they sue the school.
- Totally agree. His parents didn't know what happened
  to him, didn't do anything when the boy hanged himself.
  And now they are suing the school for money.
- Too bad this boy can't sue his parents.

8세 소년이 자살을 했다면 부모의 문제가 반드시 있었으리라 생각한다. 이들이 학교를 고소할 때 부모
를 조사하라.
　　－ 전적으로 동의한다. 아이의 부모는 아들에게 무슨 일이 있었는지 알지 못했고, 아들이 목을 맬 때
　　아무것도 한 게 없다. 그런데 지금 돈을 받겠다고 학교를 고소한다.
　　－ 소년이 자기 부모를 고소할 수 없다는 게 안타깝다.

　◎ **commit** (자살, 범죄, 잘못 등) 저지르다
　　commit suicide 자살하다
　　commit adultery 간통을 저지르다
　　　－ He tried to commit suicide. Thankfully, he failed.
　　　　그는 자살을 시도했다. 다행히 그는 실패했다.

　◎ **sue** 고소하다, (재판 등을 통해) 청구하다, 요구하다
　　　－ Sue the company you worked for? Just for money?
　　　　네가 일했던 회사를 고소한다고? 돈 때문에?

　　　－ Yes, I like eating cockroaches. You think it's disgusting but I like them.
　　　　So, sue me.
　　　　맞아, 나는 바퀴벌레 잘 먹어. 너는 구역질난다고 여기겠지만 나는 좋다고. (이게 마음에 들지 않으면) 고소하
　　　　던지. (So sue me. 미국은 우리나라보다 고소, 고발, 소송이 빈번해서 무엇이든, 별의 별 사건을 다 고소하기
　　　　때문에 '고소하려면 하라'는 표현이 있다. 이 예문에서도 '바퀴벌레 먹는 게 역겨워서 나를 고소하려면 해라.
　　　　나는 계속 바퀴벌레를 먹겠다'는 뜻이다.)

　◎ **(It's) too bad (that)~** …가 유감이다, 안됐다
　　　－ Too bad he made a terrible decision. 그가 끔찍한 결정을 했다니 유감이다.

104

5

The school, the bullies, and his parents... all must be punished severely.

학교, 괴롭힌 아이들, 부모… 전부 다 엄중한 처벌을 받아야 한다.

- ⊙ be punished severely = be punished harshly 엄하게 (가혹하게) 처벌받다
  처벌이 가혹하다는 표현을 할 때 punish, punishment는 severe, severely, harsh, harshly 와 함께 자주 쓰인다.
  - Unless severely punished, bullies keep bullying.
    엄하게 처벌받지 않는다면 괴롭히는 아이들은 계속 괴롭힐 것이다.
  - Overly harsh punishment will only make things worse.
    지나치게 가혹한 처벌은 사태를 더 악화시킬 뿐이다.

6

An 8-year-old boy planned to take his own life, had knowledge of knot types and the things needed to hang himself?
- Something's seriously wrong about this story.
- Where did he get the rope?

8세 소년이 자살하려고 계획을 세우고 목을 매는데 필요한 것들을 마련하고 매듭 묶는 법을 알고 있었다니?
- 당신의 말에 동의한다. 이 이야기는 어딘가 심각하게 잘못되었다.
- 아이는 어디에서 끈을 구했는가?

- ⊙ take one's own life = commit suicide = kill oneself 자살하다
  kick the bucket은 양동이 위에 올라가 목을 맨 후 양동이를 발로 차서 자살하는 과거의 자살 방법에서 유래한 표현인데, 의미는 '자살하다'가 아닌 '죽다'이다. 이 표현은 저급한 어감의 표현이라 예의를 갖추어 말해야 할 때는 사용에 주의해야 한다. die가 '죽다'라면, kick the bucket '뒈지다'의 어감이다.

- ⊙ Something is wrong 무언가 잘못되다, 어딘가 이상하다
  - Something is wrong with me. I feel dizzy and my hands are shaking.
    내가 어딘가 이상해. 어지럽고 손이 떨려.

7

> I myself was bullied horrendously and wanted to kill myself but I couldn't 'cause I didn't know how to do it. It doesn't add up.
>
> 나 자신도 끔찍하게 괴롭힘을 당했고 자살하고 싶었지만 못했는데, 어떻게 하는지 몰랐기 때문이다. 무언가 말이 안 된다.

⚙ **bully** (약자를) 괴롭히다. (동사) 괴롭히는 사람 (명사)

- Teach your children that bullying is bad.

  괴롭힘은 나쁜 것이라고 아이들에게 가르치시오.

- Stop bullying little children! You should pick on somebody your own size!

  어린 아이들은 좀 그만 괴롭혀! 너랑 크기가 맞는 사람과 맞붙어야지! (pick on somebody your own size는 자신보다 작거나 약한 사람을 괴롭히는 건 비겁한 짓으로, 싸움을 걸려면 체격이 비슷한 사람과 싸우던지 괴롭히던지 하라는 의미)

⚙ **'cause = because**

회화에서나 댓글을 달 때 because를 짧게 줄여 'cause, 또는 cos, cuz 등으로 쓰기도 한다.

- I am moving. Why? Cos my landlady kicked me out.

  나 이사가. 왜냐고? 집주인 아줌마가 나를 쫓아냈기 때문이야.

⚙ **It doesn't add up** 무언가 말이 안 맞는 부분이 있다. 앞뒤가 맞지 않는다

- Your story doesn't add up. I think you are lying to me.

  너의 이야기는 말이 안 돼. 내 생각에는 네가 거짓말을 하는 것 같아.

🔗 SNS 시대필수, 영어로 댓글 써보자!

1 An 8-year-old boy hanged himself all by himself? That doesn't

_____ .

8세 소년이 혼자서 목을 맸다고? 말이 안 된다.

2 How on earth did this _____ accident happen?

도대체 어떻게 생각할 수도 없는 이런 사건이 생긴 것인가?

[정답] **1.** add up **2.** unthinkable

Episode 017

A 16-year-old School Girl Faces Death Penalty for Joining ISIS

16세 여학생, ISIS 가담 혐의로 사형의 위기에 처하다

도대체 무슨 내용일까

ISIS에 가담했던 독일 여학생이 이라크 모술에 숨어 있다가 발견되어 화제다. 이 여학생은 팔에 총상을 입고 있었고, 굶주린 다른 어린 아이와 함께 숨어 있었다고 한다. 여학생을 발견한 이라크 군인들이 찍은 비디오 영상이 공개되면서 이 사건이 알려지게 되었는데, 영상에서 이 백인 여학생은 ISIS에 가담한 것을 후회하고 있으며 집에 가고 싶다며 간절히 호소했다. 하지만 바그다드의 검사들의 말에 의하면, 이 여학생은 테러 집단에 가담했기 때문에 재판에 넘겨질 경우 사형도 가능하다고 하는데…

 Words & Phrases

□ **voluntarily** 자발적으로 *voluntary 자발적인

□ **regret** 후회하다 *regretful 유감스러운, 후회하는

□ **mistake** 실수 *make a mistake 실수하다

□ **research** 조사, 조사를 하다 = do the research

□ **translation** 번역 *translate 번역하다

□ **innocent** 순진한, 죄가 없는

□ **article** (신문, 잡지) 기사

□ **emphasize** 강조하다 *emphasis 강조

□ **dimwit** 멍텅구리

□ **poster child** (특정 문제를 가진 어린이를 도와주자는) 포스터에 나오는 어린이, 전형적인 인물

□ **dummy** 인체 모형, 사람 형상 인형, 멍텅구리

ISIS

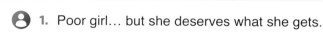
1. Poor girl… but she deserves what she gets.

2. What, am I supposed to feel bad for her? She voluntarily joined a terrorist group!

3. Another stupid teenager crying for help after doing something stupid.

4. Surely she did research on the internet about ISIS, so she was well aware of what kind of group she was joining.
   - C'mon, folks. She said she regretted joining ISIS. We all make mistakes.
   - mistakes? She joined ISIS although she knew this terrorist group had killed people, translation, she wanted to kill people.

5. ISIS kills so many innocent people and she was one of them. But she is not guilty because she was young and she said sorry?

6. Why did this article emphasize the fact that she is 16? All 16-year-old girls say they are old enough to be treated as adults.

7. Give her a break. She is only 16! Teens have no brain! Everybody knows that.
   - true. But still must take responsibility for being the worst dimwit ever.

8. Well, that is one tough way to learn a lesson…

9. Always wonder what kind of dummy wants to be an ISIS fighter. Oh, there she is.
   - Tell her must be careful what you wish for.

1

Poor girl... but she deserves what she gets.
불쌍한 소녀 같으니… 하지만 뿌린 대로 거두는 거니까.

❖ **She will get what she deserves** 그녀가 받을 만한 것을 받다

즉, 뿌린 대로 거둔다. What goes around comes around라는 의미인데, 이 댓글에서는 'she deserves~ 그녀는 …를 받아 마땅하다' 식으로 바꾸어 she deserves what she gets(그녀가 받은 것은 그녀가 받아 마땅하다)라고 썼다.

– I'm so glad she totally lost face. The rude girl got exactly what she deserved.
그녀가 창피를 당해서 너무 기쁘다. 무례한 저 소녀는 정확히 자기가 뿌린 대로 거둔 셈이다.

2

What, am I supposed to feel bad for her? She voluntarily joined a terrorist group!
뭐야, 그녀를 불쌍히 여겨야 하는 건가? 자진해서 테러리스트 모임에 들어갔는데도!

❖ **feel bad** 유감으로 느끼다, 낙담하다, 불편한 마음을 느끼다

지각 동사(smell, taste, sound, feel, look)가 주어와 형용사를 연결해주는 연결동사로 be 동사처럼 쓰일 때는 부사가 아닌 형용사의 꾸밈을 받는다.

It smells good. (○)　　　　It smells well. (×)

You look pretty. (○)　　　　You look prettily. (×)

I feel bad for her. (○)　　　　I feel badly for her. (×)

3

Another stupid teenager crying for help after doing something stupid.
또 멍청한 십대가 멍청한 짓을 하고서 도와달라고 난리구만.

❖ **cry for** …를 요청하다

cry for help 도움을 요청하다　　　　**cry for mercy** 자비를 요구하다

댓글은 There is가 생략되어 있다. – There is another stupid teenager crying for help.

4

Surely she did research on the internet about ISIS, so she was well aware of what kind of group she was joining.
- C'mon, folks. She said she regretted joining ISIS. We all make mistakes.
- mistakes? She joined ISIS although she knew this terrorist group had killed people, translation, she wanted to kill people.

인터넷을 통해 ISIS에 대해 분명히 조사를 했을 것이고, 자신이 가입하는 곳이 어떤 종류의 모임인지 잘 인지하고 있었다.
- 이보세요, 여러분들. ISIS에 가입한 걸 후회한다잖아요. 우리 다 실수를 합니다.
- 실수? 그녀는 이 테러리스트 그룹이 사람들을 죽인다는 걸 알고도 ISIS에 가입했어요. 다시 말해서 사람을 죽이고 싶었다는 뜻입니다.

○ **what kind of group she was joining** 그녀가 가입하는 모임이 어떤 모임인지를 목적어 구실을 하는 명사절 – what 의문문이 아니라서 주어와 동사 위치가 바뀌지 않았다.
- What kind of group **did she join?** (의문문)
  그녀가 가입한 모임은 어떤 종류의 모임이야?
- **Nobody knows** what kind of group **she joined.** (목적어 구실의 명사절)
  그녀가 가입한 모임이 어떤 종류의 모임인지 아무도 모른다.

○ **translation** 번역 '앞서 한 말을 다시 풀어서 말하면, 혹시 못 알아듣거나 오해했을까봐 쉽게 다른 말로 표현하면'의 의미로 쓰인다.
- You just woke a sleeping dog, translation, you are in big trouble!
  방금 잠자는 사자의 코털을 건드렸어. 다시 말하면, 너는 이제 큰 일 났어!

5

ISIS kills so many innocent people and she was one of them. But she is not guilty because she was young and she said sorry?

ISIS는 무고한 사람들을 많이 죽이는데, 그녀는 그들 중 하나였다. 그런데 어리고 미안하다고 했으니 죄가 없다고?

✪ **be not guilty** 죄가 없다 (무죄이다) ↔ be guilty 죄가 있다 (유죄이다)
guilty는 단순히 '죄책감이 드는, 양심의 가책을 느끼는'의 의미도 있고, 재판에서 '법적으로 유죄인, 법에 의해 책임을 져야 하는'의 의미도 있다. 이 댓글에서는 두 번째 의미 '유죄인'의 뜻으로 쓰였다.

- She feels guilty **about trying to kill people, so she** is not guilty?
  사람들을 죽이려고 한데 대해 가책을 느끼니까 그녀는 무죄라고?

6

Why did this article emphasize the fact that she is 16? All 16-year-old girls say they are old enough to be treated as adults.

왜 이 기사는 그녀가 16세라는 사실을 강조하지? 모든 16세 소녀들은 하나 같이 자기들은 어른 취급을 받아야 할 만큼 나이를 먹었다고 말하던데.

- **the fact that~** that 절 이하의 사실 (the fact = that 절)
  emphasize the fact that~ that 이하의 사실(the fact)을 강조하다
  due to (because of) the fact that~ that 이하의 사실(the fact) 때문에
  considering the fact that~ that 이하의 사실(the fact)을 고려할 때
  given the fact that~ that 이하의 사실(the fact)을 감안할 때

- **be old enough to** …할 만큼 나이를 먹다
  - She is old enough to join ISIS, but not old enough to get punished?
    ISIS에 가담할 정도로 나이는 먹었지만 벌을 받을 만큼의 나이는 먹지 않았다니?

7

Give her a break. She is only 16! Teens have no brain! Everybody knows that.
  - true. But still must take responsibility for being the worst dimwit ever.

그녀 좀 봐줍시다. 겨우 16세에요! 십대는 뇌가 없잖아요! 다들 알고 있잖아요.
  - 사실이지만 그래도 최악의 머저리라는 거에 대한 책임은 져야 한다.

- **give ~ a break** 좀 봐주다, 특별히 고려해주다
  - Give me a break. I just got here, so let me catch my breath.
    나 좀 봐줘. 여기 막 왔으니 숨 돌리자고.

- **take responsibility for~** …에 대한 책임을 지다
  - If you want to be treated as an adult, take responsibility for your actions.
    That's what adults do. 성인으로 취급받고 싶다면, 자기 행동에 책임을 져라. 어른은 그렇게 한다.

- **dimwit** 멍청이, 멍텅구리
  '멍텅구리'의 의미로 자주 쓰이는 표현 (은어, 속어) : idiot, fool, doofus, dork, dum-dum, dummy, half-wit, bafoon, knucklehead, moron, simpleton
  동물인 dodo (도도새), donkey(당나귀), turkey(칠면조), 음식인 noodle(국수), jerk(육포)도 '멍텅구리'의 의미로 쓰인다.
  특히 ~head/brain 표현이 많은데, airhead, bubblehead, bonehead, meathead, hammerhead, knucklehead, pinhead, thickhead, fathead, dumbhead 그리고 birdbrain, lamebrain 등이 있다. imbecile, retard도 유의어인데, 이런 표현은 허물없는 매우 친한 사이가 아니라면 모욕적인 표현이 될 수 있으므로 유의해야 한다.

8

Well, that is one tough way to learn a lesson...
거 참, 대단히 혹독한 방식으로 교훈을 배우는 군.

☠ one tough way to learn the lesson는 교훈을 배우는 참 가혹한 방식이다. 가혹한 방식으로 교훈을 배운다라는 의미. (강조의 one)
  – Getting burned is a harsh but effective way to learn about the dangers of fire. 화상을 입는 건 화재의 위험을 배울 가혹하지만 효과적인 방법이다.

9

Always wonder what kind of dummy wants to be an ISIS fighter. Oh, there she is.
  ## - Tell her be careful what you wish for.
어떤 멍텅구리가 ISIS 전사가 되길 원할까 항상 궁금했다. 아, 저기 있군.
  – 그녀에게 소원을 빌 때 조심하라고 말해주시오.

☠ Be careful what you wish for. You might get it. 소원을 빌 때 조심하라. 그것을 얻을 수도 있다. (말이 씨가 된다–속담, 격언) 댓글을 단 사람은 소녀가 ISIS 전사가 되길 원하더니, 그 소원이 이루어져 이런 끔찍한 일을 당했다며 이 격언을 인용했다.
   – When you said you would be better off getting fired than dealing with the heavy workload, I said be careful what you wish for. Now you've gotten the sack. Happy?
       네가 엄청난 업무를 감당하느니 차라리 해고당하는 게 낫겠다고 말했을 때, 내가 말조심하라(말이 씨가 된다)고 했지? 이제 정말 해고당했는데, 만족하니?

🔗 SNS 시대필수, 영어로 댓글 써보자!

1 Is it OK for a 16-year-old to do anything, like becoming a killing machine? She is a _____, but still.

16세짜리는 무엇이든, 이를 테면 살인 기계가 되는 등 뭐든 해도 되는 건가? 명청이이긴 하지만 그래도.

2 She's a doofus, but didn't kill anybody, plus went through a terrible ordeal. _____.

그녀는 멍텅구리이지만 아무도 죽이지 않았고 끔찍한 일을 겪었어요. 좀 봐줍시다.

[정답] 1. dimwit 2. Give her a break

Human Ken Doll Said

'I Get Surgeries Like People Go to the Gym.'

인간 켄 인형 왈, '내가 성형수술 받는 건 남들이 체육관에 가는 것과 같아요.'

도대체 무슨 내용일까

• • •

다수의 성형 수술로 살아 있는 남자 인형이 되어 가는 한 남성이, 텔레비전 토크쇼에 출연해 자신이 성형 수술을 받는 건 다른 남자들이 근육질 몸매를 얻기 위해 운동을 하는 것과 다르지 않다고 주장했다. 또 현재 자신의 모습이 이국적이고 보기 좋다고 생각하지만, 성형은 계속할 계획이라 한다. Human Ken Doll (Ken Doll은 Barbie 인형의 남자 친구 인형)로 불리는 이 남성에 대해 일반인들은 어떻게 생각하는지 댓글을 통해 알아보자.

Words & Phrases

☐ **surgery** 수술 *plastic surgery 성형수술

☐ **exotic** 이국적인

☐ **malfunction** 기능이 제대로 돌아가지 않다, 불량, 고장

☐ **talk nonsense** 말도 안 되는 말을 하다

☐ **of one's own free will** 자신의 자유 의지로

☐ **illegal** 불법의 *opp.* legal 합법의, 적법한

☐ **fuss** 호들갑, 야단법석

☐ **deform** 변형시키다, 기형이 되다

☐ **freakishly** 소름끼칠 정도로

☐ **malicious** 악의적인 *malice 악의, 적의
  *malicious comments 악성 댓글

☐ **judgemental** 남을 판단(비판)하는, 판단하기 좋아하는

☐ **correction** 수정, 정정

1. Wonder where he gets all the money. It costs a fortune to have so many surgeries.

2. Exotic and good-looking? Either his eyes or brain are malfunctioning. Seriously.

3. Why in the world did the talk show invite this weirdo and let him talk nonsense?

4. Ken doll doesn't look like him. Ken doll looks normal unlike this guy.

5. Geez!
   - You mean, 'Ick!'
   - or, 'Ugh!'
   - or 'Eww!'

6. Must put his photo with the article? Now I won't be able to sleep at least for the next 2 weeks. Thanks for the nightmares.

7. Not much to say about him. He can do or say anything only if it is not illegal.

8. He spent his own money on his own face. And he did it of his own free will. People are making a fuss about nothing.
   - yes. let him deform himself as much as he wants

9. Have to admit he looks freakishly weird but too many malicious comments here.
   - People gotta stop being judgemental. He can be anyone he wants to be.
   - Correction. He can be ANYTHING he wants to be. He wants to be a Ken doll, remember?

1

Wonder where he gets all the money. It costs a fortune to have so many surgeries.
그 많은 돈을 어디서 구했는지 궁금하다. 그렇게 많은 수술을 하려면 돈이 엄청 든다.

- ⊙ **wonder how** 어떻게 …인지 궁금하다
  - – **Wonder how** he gets all of his money. (나는) 그가 그 많은 돈을 어디서 구했는지 궁금하다.
  - – **Wonder why** he wants to get so many surgeries.
    (나는) 그가 왜 그렇게 많은 수술을 받고 싶어 하는지 궁금하다.
- ⊙ **It cost a fortune** 돈(비용)이 많이 들었다 (현재 시제라면, It costs로 써야 한다)
  = It cost a lot of money. = It cost a handsome amount of money. = It cost a substantial sum of money. = It cost an arm and a leg. = It cost a heck of a lot of money.

2

Exotic and good-looking? Either his eyes or brain are malfunctioning. Seriously.
이국적이고 보기 좋아? 이 자의 눈 아니면 뇌가 고장 난 모양이다. 진짜로.

- ⊙ **either A or B** A 혹은 B
  - – She **either** truly doesn't know anything **or** is playing innocent.
    그녀는 정말 아무것도 모르거나 아니면 모르는 척 연기하는 것일 수도 있다.

3

Why in the world did the talk show invite this weirdo and let him talk nonsense?
도대체 왜 토크쇼에서 이 괴짜를 초대해서 말도 안 되는 말을 하게 놔두는 건지?

- ✪ weirdo, jerk, creep 모두 부정적인 어감의 단어인데, 의미는 조금씩 다르다.
  weirdo는 'weird 이상한'에서 나온 표현으로 이상한 사람, 이상하게 행동하는 사람, jerk 는 말귀를 잘 못 알아듣거나 어눌한 사람, 이기적이고 교활한 사람, (일반적인) 싫은 사람, creep은 머리가 나쁜 건 아니지만, 생각과 행동이 음흉하고 소름끼치는 사람을 뜻한다.
  - – Not that he is a jerk, but sometimes he does talk nonsense.
    그가 멍텅구리라는 건 아니지만, 가끔 말이 안 되는 말을 할 때가 있긴 있다.
  - – People call me a weirdo, and I do some weird things, but I am not dangerous. 사람들이 나를 이상한 놈이라 부르고 내가 이상한 짓을 하긴 하지만 난 위험하지 않다.

4

Ken doll doesn't look like him. Ken doll looks normal unlike this guy.

켄 돌은 이 자처럼 생기지 않았다. 이 자와는 달리 켄 돌은 정상처럼 생겼다.

- ☺ look+형용사 …처럼 보이다 (연결 동사 look)

  look normal 정상으로 보이다 　　**look average** 보통으로, 평범하게 보이다

  – You look normal but you act like a crazy person.

  　너는 정상으로 보이는데 미치광이처럼 행동한다.

5

Geez!
  - You mean, 'Ick!'
  - or, 'Ugh!'
  - or 'Eww!'

세상에! – '으웩' 이겠지. – 또는 '으억' – 또는 '욱'

- ✪ ick, geez, ugh, eww　사람, 사물, 상황 등이 안 좋은 쪽으로 놀랍거나 역겨울 때 쓰는 일종의 감탄사이다. 'yuck!'도 유사한 표현이다.

  – What is that smell? Ick! Open the windows now, please!

  　이게 무슨 냄새야? 우웩! 제발 당장 문 좀 열어!

  – That creepy weirdo asked you out? Geez!

  　저 소름끼치는 괴짜가 너한테 데이트를 신청했어? 세상에!

6

Must put his photo with the article? Now I won't be able to sleep at least for the next 2 weeks. Thanks for the nightmares.

기사와 함께 꼭 사진을 실어야 했나? 이제 최소 2주 동안은 제대로 자긴 다 글렀네. 악몽을 안겨줘서 고맙소.

- ✪ 주어 생략

  Must (you, 또는 they) put his photo…? 또는 (You) must put his photo…?로 주어를 생략한 평서문 형태지만 의문문이다. 회화에서 평서문의 어미를 올려 의문문으로 자주 사용한다. 의미는 Did you have to put his photo…? 즉, 군이 사진까지 실을 필요는 없었다. 사진 덕분에 악몽만 꾸게 생겼다는 의미.

- ☺ **Thanks for the nightmares**　실제 고마운 게 아니라 빈정대며 반대로 말한 표현.

  – Thanks for **ditching me, jerk.**　나를 차줘서 고맙다. 나쁜 놈아.

  – Thanks for **reminding me of my failure.**　내 실패를 다시 기억나게 해줘서 고맙다.

7

Not much to say about him. He can do or say anything only if it is not illegal.

그에 관해 할 말은 별로 없다. 불법만 아니라면 그는 무엇이든 하거나 말할 수 있다.

○ (There is) Not much to say 할 말이 많지 않다 = I don't have much to say.
  – Not much to say about it but I have to tell you that it doesn't look good.
    이에 대해 할 말이 많지 않지만 그렇게 보기 좋지 않다는 건 꼭 말해야 겠다.

○ can do or say anything
  He can do anything or (he can) say anything only if~ …이기만 하다면 그는 무엇이든 할 수 있고 무엇이든 말할 수 있다. → He can do or say whatever he wants as long as it is not illegal. 불법만 아니라면 원하는 것 무엇이든 하거나 말할 수 있다.

○ if only(희망이나 소망을 표현할 때) vs. only if(어떤 일에 대한 단서, 조건을 달 때)
  – If only I could get away from my work. 일에서 좀 벗어날 수 있다면.
  – You can stay here only if you promise to behave yourself.
    예의바르게 행동한다고 약속하기만 한다면 여기 머물러도 좋다.

8

He spent his own money on his own face. And he did it of his own free will. People are making a fuss about nothing.
- yes. let him deform himself as much as he wants

그는 자기 돈을 자기 얼굴에 쓴 것이다. 또 자신의 자유 의지로 한 것이다. 사람들은 괜한 일로 난리법석을 피운다.
  – 맞아요. 그냥 본인이 원하는 만큼 자신을 기형으로 만들게 놔둡시다.

○ of one's own free will 스스로의 자유 의지로
  – No one forced me to do it. I did it of my own free will 'cause I wanted to do it. 나더러 이렇게 하라고 강요한 사람은 없다. 내가 원해서 내 자유 의지로 스스로 한 것이다.

○ make a (big) fuss = make a scene 야단법석을 피우다
  make a fuss about nothing = it's all much ado about nothing.
    괜한 일로 (별 일도 아닌데) 소동을 피우다
  – You are making a fuss about nothing. No one cares about it.
    너는 괜한 일로 소동을 피우고 있어. 아무도 이거에 신경 쓰지 않아.

9

Have to admit he looks freakishly weird but still, too many malicious comments here.
- People gotta stop being judgemental. He can be anyone he wants to be.
- Correction. He can be ANYTHING he wants to be. He wants to be a Ken doll, remember?

그가 끔찍하게 이상해 보인다는 건 인정하지만, 그래도 악의적인 댓글이 여기 너무 많다.
- 다들 남을 판단하는 건 그만 해야 한다. 그는 자신이 원하는 어떤 사람이든 될 수 있다.
- 정정하겠습니다. 그는 자신이 원하는 무엇이든 될 수 있다. 그는 켄 돌(인형)이 되길 원합니다, 기억하시지요?

◔ **I have to admit (that)~** ···이하를 인정하지 않을 수 없다
구어체에서 have to 대신 '주어+have got to admit that~' 으로 쓰기도 한다.

 - You have to admit that this guy tries very hard to get what he wants.
   이 남자가 원하는 바를 얻기 위해 열심히 노력한다는 건 인정해야 한다.

◔ **judgemental** 남의 일을 두고 맞네, 틀리네 판단(비판)하는 = judgy
judgemental, judgy 모두 부정적인 느낌의 단어이다. 타인의 의견, 취향, 인권 등을 존중하는 문화적 분위기가 강하기 때문일 것이다. 그래서 You are being judgy. Don't be judgy 등은 비난하거나 나무라는 어감의 표현이다.

 - Stop being judgemental. That's none of your business.
   남을 판단하지 마시오. 당신이 상관할 바가 아닙니다.

◔ **correction** 정정, 수정, 앞의 말의 오류를 고칠 때 '수정, 정정하겠습니다'

 - My son doesn't study every day. Correction, he doesn't study at all.
   아들은 매일 공부하지는 않습니다. 아니, 수정하겠습니다. 그는 공부를 전혀 하지 않습니다.

◁ SNS 시대필수, 영어로 댓글 써보자!

1 I am totally OK_____ I don't have to see his face.
그의 얼굴을 보지 않을 수만 없다면 나는 전혀 상관없다.

2 So he deformed his own face _____? Go figure.
그러니까 그는 자신의 자유 의지로 자기 얼굴을 변형시켰다는 건데. 뭔 일이래.

3 _____ he has a serious problem, but no harm done.
그에게 심각한 문제가 있다는 건 인정하지만, 해는 끼치지 않았다.

[정답] **1.** only if **2.** of his own free will **3.** Had to admit

118

Episode **019**

Remini's Battle With Scientology Still Continues

도대체 무슨 내용일까

• • •

사이언톨로지라고 하면 톰 크루즈, 존 트라볼타, 줄리엣 루이스 등 유명 할리우드 스타들만 생각날지 모르겠다. 하지만 사이언톨로지 신도수는 전세계적으로 수백만에 이른다. SF 소설가가 창시한 이 종교는 많은 스타들을 신도로 두었음에도 불구하고 이단 또는 광신교로 비난받고 있다. 사이언톨로지에 오랫동안 빠져 있다 얼마전 개종을 선언한 할리우드 여배우 Leah Remini는 신문, 잡지, 뉴스 등과의 인터뷰를 통해 사이언톨로지의 실상에 대해 널리 알리고 있는데, 독특하다 못해 이상한 수준의 이 종교에 대해 미국인들은 어떻게 생각하고 있을까?

Words & Phrases

☐ **harass** 괴롭히다 *harassment 괴롭힘

☐ **threaten** 위협[협박]하다 *threatening 협박하는, 위협적인

☐ **hideout** 은신처

☐ **den** 굴, 소굴

☐ **exemption** 면세 = tax exemption

☐ **bribe** 뇌물을 주다 *bribery 뇌물

☐ **IRS = Internal Revenue Service**
미국 국세청

☐ **fiction** 소설, 허구 이야기 *nonfiction 사실을 바탕으로 한 이야기

☐ **scam** 사기 *scam artist 사기꾼(= con artist)

☐ **lure** 유혹하다, 꼬드기다

☐ **eternity** 영원, 영원한 시간

☐ **cult** 추종, 숭배, 사이비 종교, 광신자 집단

1. Since when was Scientology allowed to harass and threaten people?
    - and get away with it.
    - and who allowed scientology to call their building 'church?'
    - more like a hideout or den

2. Why and how did they get a tax exemption as a religion?
    - They are super rich, so bribed IRS, obviously.
    - or they threatened IRS as they always do.

3. L. Hubbard couldn't write good science fictions, then how could he found a science-based religion? Total nonsense.

4. Remini is not a victim but an idiot who fell for an obvious scam in the first place. She is a non-lying idiot.

5. Hubbard just lured rich morons with the promise of eternity. Everybody knows that.
    - You mean, everybody except Tom Cruise.
    - Tom is a moron, of course he knows nothing. How could he?

6. She is the only person who could tell us what's going on behind that closed door?
    - No but she is the only person brave enough to come forward.

7. I am no expert on religion or anything… but like Tom said, must we respect the freedom of religion? It's Ok to hate it but no need to keep people from liking it.
    - I used to be a member of Scientology and I am telling you, Scientology is a very much dangerous cult. Of course we should keep people from liking it.

1

Since when was Scientology allowed to harass and threaten people?
- and get away with it.
- and who allowed scientology to call their building 'church?'
- more like a hideout or den

언제부터 사이언톨로지가 사람들을 괴롭히고 협박해도 된다는 허락을 받았는가?
— 그리고 처벌을 모면하게 되었는가.
— 그리고 누가 사이언톨로지더러 자기네 건물을 '교회'라 불러도 된다고 허락했는가?
— 은신처나 소굴이 더 맞는 것 같은데.

○ **get away with~** 안 좋은 일을 하고도 벌을 받지 않고 벗어나다
— You can't get away with it! 언젠가 벌을 받게 될 거야. 그냥 넘어갈 수는 없어!

○ **more like ~ than~** …보다 …가 더 적당한, 그보다는 오히려 …가 더 적당한
— more like a hideout or den than a church
교회보다는 은신처나 소굴이 더 맞는 (더 적당한)
— Friend? Yes, but she's more like a sister to me.
친구가 맞지만 나에게 누나라고 할 수 있다.

2

Why and how did they get a tax exemption as a religion?
- They are super rich, so bribed IRS, obviously.
- or they threatened IRS as they always do.

왜 그리고 어떻게 이들이 종교로 면세를 받고 있는 거지?
— 엄청난 부자니까 국세청에 뇌물을 준 게 확실하다.
— 아니면 평소 하듯이 국세청을 위협했든가.

○ **tax exemption** 면세 vs. **tax evasion** 탈세 (evade tax 탈세하다)
— Some taxpayers try to evade tax by all kinds of means.
일부 납세자들은 갖은 방법으로 탈세하려고 애쓴다.
— How can I receive tax-exempt status?
어떻게 해야 면세 신분(지위)을 얻을 수 있습니까?

○ **bribe IRS**
국세청 자체에 뇌물을 줄 수는 없고, bribed someone at the IRS (국세청의 누군가에게 뇌물을 주었다)의 의미이다.

❸

L. Hubbard couldn't write good science fictions, then how could he found a science-based religion? Total nonsense.

L. 허버드는 괜찮은 공상과학 소설을 못 쓰는데, 어떻게 과학에 기초한 종교를 창시할 수 있겠나? 말도 안 된다.

- ◑ found a religion 종교를 창시하다
    found ① find (찾다)의 과거형 (find-found-found)
    ② (조직, 기관, 국가, 도시 등) 세우다, 건립하다, 창시하다(found-founded-founded)
    - My grandpa was the one who founded this company.
        이 회사를 창립한 사람은 다름 아닌 내 조부였다. (②번의 의미)
    - Look what I found inside the drawer. 내가 서랍에서 찾은 거 좀 봐. (①번의 의미)
    - This story is non-fiction, which means it is founded on fact.
        이 이야기는 논픽션인데, 즉 사실에 기초했다는 뜻이다. (②번의 의미)

❹

Remini is not a victim but an idiot who fell for an obvious scam in the first place. She is a non-lying idiot.

레미니는 희생자가 아니라 애초에 명백한 사기에 빠져든 바보이다. 그녀는 거짓말을 하지 않는 바보이다.

- ◑ fall for an obvious scam 누가 봐도 알아볼 수 있는 뻔한 사기에 속다
    fall for ① 누군가를 좋아해서 푹 빠지다 ② 조금도 의심하지 않고 완전히 믿다
    - The first moment I saw her, I fell for her immediately.
        그녀를 처음 본 순간 즉시 그녀에게 반했다. (①번 의미)
    - Whenever I lie to them, they fall for it.
        내가 거짓말을 할 때마다 그들은 속는다. (②번 의미)
- ◑ non-lying 거짓말을 하지 않는
    흔하게 쓰는 일반적인 표현은 아니고, 댓글을 쓴 사람이 레미니가 거짓말을 하는 건 아니지만 애초에 속아 넘어 간 것도 잘못이라는 의미로 만든 표현이다. 즉, She is not lying but she is partially to blame.

5

Hubbard just lured rich morons with the promise of eternity. Everybody knows that.
- You mean, everybody except Tom Cruise.
- Tom is a moron, of course he knows nothing. How could he?

허버드는 영원을 약속하며 돈 많은 머저리들을 유혹했다. 다들 아는 사실이다.
- 톰 크루즈를 제외한 '다들'이라는 뜻이겠지.
- 톰은 머저리니까 당연히 아는 게 없지. 그가 어떻게 알 수 있겠어?

○ **lure** v. 유혹[유인]하다 (with) (좋지 않은 것으로 끌어들인다는 부정적인 어감) n. 낚시의 미끼
  - The kidnapper tried to lure children into his car with candies but he failed. 유괴범은 사탕으로 아이들을 자기 자동차로 유인하려 했지만 실패했다.

○ **except vs. except for** …를 제외하고, …만 빼고
  뒤에 명사가 오면 except, except for 어느 것이 와도 상관없다. 댓글에는 for가 없지만 'except for Tom'이라 해도 맞다. 하지만 절이 이어질 경우 except for가 올 수 없고, except that이 와야 한다. except that의 의미는 …라는 점만 빼고, 즉 앞서 언급한 내용과 반대되는 내용이 이어진다. '…이긴 하지만 …라서 안 된다[할 수 없다]'
  - Henry likes all fruit except (또는 except for) avocados.
    헨리는 아보카도만 빼고 모든 과일을 좋아한다.
  - Except for my bag (또는 Except my bag), all of the bags got completely soaked.
    내 가방만 제외하고 모든 가방이 완전히 젖었다.
  - I wanted to study hard, except that I felt sleepy.
    나는 열심히 하고 싶었지만, 졸렸다. (졸렸다는 것만 빼면, 열심히 하고 싶었다)
  - He could have been a movie star, except that he is not a good actor.
    그는 스타 영화배우가 될 수 있긴 한데, 연기를 잘 하는 배우가 아니다.

○ He knows nothing. = He doesn't know anything. 그는 아는 게 없다. 알지 못한다.
  He does nothing. = He doesn't do anything. 그는 한 게 없다. 아무 것도 하지 않다.
  He sees nothing. = He doesn't see anything. 그는 본 게 없다. 아무 것도 보지 않다.
  He takes nothing. = He doesn't take anything. 그는 가져간 게 없다.
  He bought nothing. = He didn't buy anything. 그는 아무 것도 사지 않았다.

123

6

She is the only person who could tell us what's going on behind that closed door?
- No, she was the only person brave enough to come forward.

닫힌 문 뒤에서 무슨 일이 벌어지는지 우리에게 말해줄 수 있는 사람이 저 여자 한 명뿐인가?
- 그게 아니라, 앞에 나설 만큼 용감한 사람이 저 여자 한 명뿐인 것이다.

○ come forward = step forward (도움이나 정보를 제공하려고) 나서다
- It's so brave of you to come forward in the defense of your friend.
친구를 옹호하려 앞에 나서다니 너는 참 용감하다.

7

I am no expert on religion or anything... but like Tom said, must we respect the freedom of religion? It's Ok to hate it but no need to keep people from liking it.
- I used to be a member of Scientology and I am telling you, Scientology is a very much dangerous cult. Of course we should keep people from liking it.

나는 종교 전문가도 뭐도 아니지만, 톰이 말한 것처럼 종교의 자유는 존중해야 하는 거 아닐까? 싫어하는 건 상관없지만 좋아하지 않도록 금지할 필요는 없다.
- 전에 사이언톨로지 회원이었다. 그런 내가 장담하는데 사이언톨로지는 대단히 위험한 광신교 집단이다. 당연히 사람들이 이를 좋아하지 않게 해야만 한다.

○ I am telling you 내가 말하는데, 내 말을 잘 들어보시오 (의견을 강조해서 말할 때)
- People keep asking me where I will go, and I am telling you, I'm not going anywhere. 사람들이 계속 내가 어디에 갈 건지 물어보는데, 확실히 말해두는데, 나는 아무데도 안 갑니다.

◄ SNS 시대필수, 영어로 댓글 써보자!

1 Remini plays the victim. I think she's _____ an attention seeker.

레미니는 희생자인 척한다. 나는 그보다는 그녀가 관심종자라고 생각한다.

2 Hubbard _____ Scientology? I thought Tom was the founder.

허버드가 사이언톨로지 창시했어? 나는 톰이 창시자인줄 알았네.

[정답] **1.** more like **1.** founded

124

Episode 020

Smoker Diagnosed with Throat Cancer Killed Co-worker Who Introduced him to Smoking.

인후암 진단을 받은 흡연자, 자신에게 담배를 소개한 동료를 살해하다

도대체 무슨 내용일까

● ● ●

인도에서 담배로 인후암에 걸린 한 남성이 자신에게 담배를 소개한 동료를 총으로 쏘아 살해한 사건이 발생했다. 체포된 이 남성은 인후암의 원인이 과도한 흡연 때문이라는 의사의 말에, 자신에게 담배와 마리화나를 소개한 동료에게 너무 화가 나서 그랬다고 경찰에 진술했다고 한다. 그는 진단을 받은 후 총을 구매하고 동료를 쏠 때 실수하지 않기 위해 사격 연습까지 했다는데…

Words & Phrases

- ☐ **colleague** 동료 = co-worker
- ☐ **introduce** 소개하다 *introduction 소개
- ☐ **hooked** 고리에 걸린, 대단히 즐기는, 중독된(get hooked)
- ☐ **24/7** 하루 24시간 일주일 내내, 즉 계속, 쉬지 않고
- ☐ **credit card** 신용카드
- ☐ **debt** 빚

- ☐ **track** 발자국, 자취, 추적하다, 찾아내다(track down)
- ☐ **fault** 잘못 *faulty 흠[결함]이 있는, 잘못된
- ☐ **flak jacket** 방탄 조끼
- ☐ **copycat** 흉내 내는 사람, 모방하는 사람

1. His colleague might have gotten him hooked on smoking, but he voluntarily learned how to smoke. He shouldn't and can't blame anybody else for his cancer.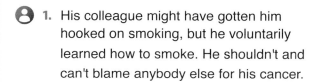

2. You are 25! Take responsibility for your own actions, dude!

3. After 18 months of smoking, he got cancer? He must have smoked 24/7.

4. Well, I have to shoot my roomie who introduced me to Pringles. I got a fat-people disease because of all the fat I got from Pringles.
   - And I want to shoot the guy who introduced me to credit cards. My credit card debts are killing me.

5. I quit smoking 15 years ago, but I got lung cancer. So I tried to track down the person who was responsible for my cancer… Surprise! It was me!

6. Yet another silly story of a heavy smoker. Always someone else's fault.

7. I introduced many people to smoking, so do I have to buy a flak jacket?
   - Seems like you should. There are always copycats out there.

1

His colleague might have gotten him hooked on smoking, but he voluntarily learned how to smoke. He shouldn't and can't blame anybody else for his cancer.

그의 동료가 그를 담배 중독으로 만들었는지 모르지만, 그는 자발적으로 흡연 방법을 배운 것이다. 그는 자기 암을 남의 탓으로 돌려서도 안 되고 돌릴 수도 없다.

- **get hooked on~** …에 빠져들다, 중독이 되다
  - Ever since I got hooked on caffeine pills, I have suffered from insomnia.
    카페인 알약에 중독된 이후, 불면증에 시달리고 있다.
  - There is such a thing as plastic surgery addiction. People get hooked on plastic surgeries and keep changing their faces.
    성형 중독이라는 게 있다. 이들은 성형 수술에 중독되어 계속 얼굴을 바꾼다.
- **He shouldn't (blame) and (he) can't blame** 그는 비난하면 안 되고 비난할 수도 없다
  - I shouldn't and couldn't date you. You are my best friend's girlfriend!
    나는 너와 데이트해서도 안 되고 할 수도 없어. 너는 내 절친의 여자 친구이잖아!

2

You are 25! Take responsibility for your own actions, dude!

당신은 25세야. 자기 행동에 책임을 질 줄 알아야지, 이 양반아!

- 숫자만으로 나이를 나타내기도 한다.

  I am 25 = I am 25 years old 나는 스물다섯이다 = 나는 스물다섯 살이다
  - What are you? 9? = What are you? A 9-years-old boy?
    너 뭐야, 9살이야? = 너 뭐야, 9살 어린애야?

3

After 18 months of smoking, he got cancer? He must have smoked 24/7.

18개월 흡연 후 암이 왔다고? 주 7일 하루 24시간 피웠나 보네.

○ must have smoked 24/7 : must have+pp …임에 틀림없다

24/7 = 24 hours a day and 7 days a week = 24시간 쉬지 않고 날마다 = always, constantly, continuously 끊임없이

- You must have played online games 24/7. Your eyes are all bloodshot.
  쉬지 않고 온라인 게임을 한 게 분명하구나. 눈이 충혈되어 시뻘겋다.
- My plan is to study 24/7, except it's impossible to carry out.
  실행이 불가능하다는 문제는 있지만, 내 계획은 쉬지 않고 공부하는 것이다.

4

Well, I have to shoot my roomie who introduced me to Pringles. I got a fat-people disease because of all the fat I got from Pringles.

- And I want to shoot the guy who introduced me to credit cards. My credit card debts are killing me.

그렇다면 나한테 프링글스를 소개한 내 룸메이트에게 총을 쏴야할 것 같다. 프링글스를 먹어서 생긴 지방 때문에 나는 비만인들이 걸리는 병을 얻었다.

－ 그리고 나는 나에게 신용카드를 소개해준 녀석을 쏘고 싶다. 신용카드 빚 때문에 죽을 지경이다.

○ introduce+사람+to …에게 …를 소개하다

- Please introduce me to your sister.
  네 여동생 좀 나에게 소개시켜 줘.
- When I was first introduced to Buddhism, I was a poor college student.
  내가 처음 불교를 소개받았을 때, 나는 가난한 대학생이었다.

⑤

I quit smoking 15 years ago, but I got lung cancer. So I tried to track down the person who was responsible for my cancer... Surprise! It was me!

나는 15년 전에 금연했지만 폐암이 생겼다. 그래서 내 암에 책임이 있는 놈이 누구인지 (누구 때문에 암이 생겼나) 추적 조사했더니… 놀랍게도 나잖아!

- ☺ quit ~ing …를 끊다, 그만두다
   - I quit smoking = I stopped smoking 나는 금연했다
   - – Quit nagging me. It drives me crazy. 잔소리 좀 그만 해. 잔소리 때문에 미치겠다.

- ☺ surprise! 이것 봐라! 깜짝 놀랐지! *의외의 내용을 말하기 전에 할 수 있는 표현
   - – Surprise, surprise! Look who is here! 이런, 세상에! 여기 누가 오는지 좀 봐봐!

⑥

Yet another silly story of a heavy smoker. Always someone else's fault.

골초의 말도 안 되는 변명 또 나셨네. 항상 다른 누군가의 잘못이지.

- ☺ yet another 계속 이어지는, (전에도 있었고 나중에도 있을) 또 다른
   - – He was dumped by yet another girl.
      그는 (전에도 차였는데) 또 여성에게 차였다. (이후 또 다른 여성에게 차일 가능성이 있다.)

- ☺ heavy 지나치게 많이 하는, 과도하게 하는

heavy smoker 골초, 담배를 많이 피우는 사람	heavy drinker 술고래
heavy sleeper 잠을 너무 많이 자는 사람	heavy eater 폭식하는 사람
heavy reader 책을 굉장히 많이 읽는 사람	

- ☺ It's always someone else's fault. 항상 다른 누군가의 잘못이다, 노상 남의 탓을 하다
   - – Don't blame me for this. You are to blame. Why is it always someone else's fault? 이것을 내 탓으로 돌리지 마. 네 잘못이라고. 왜 항상 남의 잘못인 건데?

7

I introduced many people to smoking, so do I have to buy a flak jacket?

- Seems like you should. There are always copycats out there.

많은 사람들에게 담배를 소개해줬는데, 그럼 나는 방탄조끼를 사야 하나?

– 그래야 할 것 같습니다. 항상 모방범들이 있으니까요.

○ (It) Seems like you should (buy a flak jacket) 괄호 부분을 생략한 문장.

- Should I take medicine? 내가 약을 먹어야 할까?
  - Your doctor thinks you should. 네 주치의는 그렇다고 (약을 먹어야 한다고) 생각해.
- I have to lie down. I don't feel well. 누워야 겠어. 몸이 안 좋아.
  - It appears you should. You look pale. 그래야(누워야)만 할 것 같아. 너 창백해 보여.

○ flak jacket = bullet proof jacket 방탄조끼
strait jacket (환자 등 폭력적인 행동을 제압하기 위한) 구속복
life jacket 구명조끼

- A flak jacket is useless if you get shot in the head.
  머리에 총을 맞으면 방탄조끼는 아무 소용이 없다.

SNS 시대필수, 영어로 댓글 써보자!

1 Been there. I _____ Coca Cola _____ my obesity and cavities, and everyone called me a pathetic idiot.

나도 그런 적 있다. 내 비만과 충치를 코카콜라 탓이라 했다가 욕만 퍼지게 먹었다.

2 _____ loser says "it's not my fault but someone else's."

자기 잘못이 아니라 남의 탓이라고 하는 멍청이 또 납셨네.

3 _____ a coworker _____ smoking is bad. Shooting the person who introduced you to smoking is worse.

동료에게 담배를 소개하는 건 나쁘다. 담배를 소개해준 사람에게 총을 쏘는 건 더 나쁘다.

[정답] **1.** blamed, for **2.** Yet another **3.** Introducing, to

130

Jolie Doesn't Enjoy Being Single

안젤리나 졸리, 싱글이 달갑지 않다

도대체 무슨 내용일까

입양과 출산으로 6명의 자녀를 둔 안젤리나 졸리. 제니퍼 애니스톤과 잘 살던 브래드 피트의 결혼을 파탄시키며 할리우드의 대표 수퍼 커플로 브란젤리나라는 애칭까지 얻었으나, 현재는 브래드와 헤어지고 6 자녀를 홀로 양육하고 있다. 남다른 삶의 전형을 보여주고 있어서 일까, 아니면 남달리 강한 인상 때문일까, 아무튼 졸리는 호불호가 극명하게 갈리는 할리우드 스타 중 하나이다. 6 자녀와 함께 공식 석상에 등장한 졸리가 싱글이라는 게 그다지 즐겁지 않다고 말해 화제가 되고 있는데, 졸리에 대한 기사에는 어떤 댓글이 달려 있을까?

 Words & Phrases

☐ **main** 주요한. 주된

☐ **ambassador** 대사
  *goodwill ambassador 친선 대사

☐ **ignore** 무시하다

☐ **wreck** 망가뜨리다. 파괴하다. 난파선, 부서진 잔해
  *home wrecker 가정 파괴범

1. Having six kids may be the main reason why she is single.
   - No man wants to date a lady with 6 kids.
   - and 3 ex-husbands.
   - She has lots of everything. She has lots of kids, lots of ex-husbands, lots of haters…

2. Can't understand why Brad got married to her. Brad is not as smart as I thought he was.

3. Looks like a happy family to me. They are all smiling. What's wrong with you people?

4. She is weird and she was kind of crazy when she was young. But now she is a great mom and goodwill ambassador for the UN.
   - Look what happened to Shiloh. She is unable to be 'not pretty' but she looks freaky wearing men's clothes.

5. Why are people ignoring her good work? She is helping people and saving many lives! I admit she was a home wrecker, but everybody does that!

6. I couldn't be less interested. Ange… who?
   - Anglelina Jolie. She used to be a famous actress back in the late 1990s. Now she is hundreds years old.

①

Having six kids may be the main reason why she is single.
- **No man wants to date a lady with 6 kids.**
- **and 3 ex-husbands.**
- **She has lots of everything. She has lots of kids, lots of ex-husbands, lots of haters...**

애가 6명이라는 게 그녀가 싱글인 주요 이유가 아닐까 싶다.
— 애가 6명인 여자와 데이트하고 싶은 남자는 없다.
— 그리고 전 남편도 3명
— 그녀는 여러 가지를 많이 갖고 있다. 애도 많고, 전남편도 많고, 싫어하는 사람도 많고…

○ **~ may be the reason why~** …가 아마도 이유일 것이다.
- **Lying 24/7** may be the reason why **no one likes him.**
  노상 거짓말을 하는 게 아마도 그를 좋아하는 사람이 없는 이유일 것이다.

○ **a lady with 6 kids** 아이가 6명인 여성
a lady with 3 ex-husbands 전 남편이 3명인 여성
a woman[lady] with baggage 아이, 이혼 경력 등이 있는 여성
*아이, 이혼 경력이 있는 남성은 a man[guy] with baggage
- **Actually dating** a woman with baggage **is not a bad idea.**
  사실 이런 저런 문제를 안고 있는 여자와 사귀는 게 그리 나쁜 건 아니다.
- **This man** has too much baggage. **He has two kids and has been divorced twice.** 이 남자는 딸린 게 너무 많아. 애도 둘이고 이혼도 두 번했잖아.

②

Can't understand why Brad got married to her. Brad is not as smart as I thought he was.
브래드가 왜 그녀와 결혼했는지 이해할 수 없다. 브래드는 내 생각만큼 똘똘하지 않은 모양이다.

○ **I can't understand why 주어+동사** …이유를 이해할 수 없다.
why 절은 목적어 구실을 하는 명사절이라 주어와 동사 위치가 바뀌지 않는다.
- Why did **Brad get married to her?** 브래드는 왜 그녀와 결혼한 거야? (의문문)
- I can't understand why **Brad got married to her.**
  브래드가 그녀와 왜 결혼했는지를 이해할 수 없다.(명사절)

Looks like a happy family to me. They are all smiling. What's wrong with you people?
내 눈에는 행복한 가족으로 보이는구만. 하나 같이 웃고 있잖아. 다들 뭐가 문제야?

- ○ It looks like+명사+to me[It looks+형용사+to me] …로 보이다
  - It looks **yummy to me.** 나에게는 이것이 맛있어 보인다.
  - It looks like **a yummy hamburger to me.** 나에게는 맛있는 햄버거로 보인다.

  댓글의 경우 주어가 '졸리와 6자녀들', 즉 They이기 때문에 They look like a happy family to me로 쓰는 게 맞다.

She is weird and she was kind of crazy when she was young. But now she is a great mom and goodwill ambassador for the UN.
- Look what happened to Shiloh. She is unable to be 'not pretty' but she looks freaky wearing men's clothes.
그녀는 이상하고 젊었을 때 좀 정신 나간 짓을 하긴 했다. 하지만 지금은 훌륭한 엄마고 UN의 친선대사이다.
  - 샤일로에게 일어난 일 좀 보세요. 예쁘지 않을 수 없는 아이인데 남자 옷을 입고 있는 게 괴상해 보이잖아요.

- ○ kind of crazy = a little bit crazy = sort of crazy 어느 정도 미친, 약간 미친
  - It's kind of delicious. Not finger-licking-kind of delicious, but not that bad.
    맛있다고 할 수 있다. 손가락을 빨아 먹을 정도로 맛있는 건 아니지만, 그리 나쁘지 않다.

- ○ Look what happened to~ …에게 일어난 일을 보시오, 무슨 일이 벌어졌나 좀 보시오
  그냥 Look what happened!라고도 종종 쓰이는데, '무슨 일이 벌어졌나 좀 봐!, 네가 무슨 일을 벌였나 봐라!' 등의 의미로 가벼운 비난, 원망의 어감이다.
  - You were supposed to take care of my baby, and look what happened to her! 너는 나의 아기를 돌보기로 했는데, 아기에게 무슨 일이 생겼나 좀 봐!

- ○ be unable to+be+형용사 …일 수 없다   be unable to+동사 …할 수 없다
  이 댓글을 쓴 사람은 형용사가 와야 할 부분에 not pretty를 썼다. She is unable to be ugly와 같은 의미인데, 사실 이상하게 표현된 문장이다. '안 예쁠 수 없다'는 의미를 강조하고자 어색하지만 일부러 ugly 대신 not pretty를 쓴 것으로 보인다.
  - I am unable to be fast. 나는 빠를 수 없다.
    = I am not able to be fast. = I can't be fast.
    = It's impossible (There is no way) for me to be fast.
  - I am unable to run fast. 나는 빨리 달릴 수 없다.
    = I am not able to run fast. = I can't run fast.

= There is no way (It's impossible) for me to run fast.

○ **she looks freaky wearing men's clothes** 남자 옷을 입고 있는 게 괴상해 보인다

* 졸리와 피트 사이에 태어난 딸 샤일로는 예쁠 수밖에 없는 우월한 유전자를 물려받았지만, 남자 옷만 입으려 하고 머리도 짧게 하고 자신을 '존'으로 불러달라는 등 성정체성의 혼란을 겪고 있다는 소문이 자자하다. 이 기사와 함께 실린 사진에서도 샤일로는 어른 남성 양복 같은 옷을 입고 있었다. 졸리를 좋은 엄마 great mom이라고 한 댓글에 대댓글을 단 사람은 샤일로가 이상해 보이는 건 졸리 탓이라고 생각하는 듯하다.

댓글은 She looks freaky when (또는 because) she wears men's clothes의 의미로 wearing을 현재 분사로 썼다.

❺

Why are people ignoring her good work? She is helping people and saving many lives! I admit she was a home wrecker, but everybody does that!

왜 다들 졸리의 선행은 무시하는 겁니까? 사람들을 돕고 많은 생명을 살리고 있어요! 그녀가 가정 파괴범이라는 건 나도 인정하지만, 그건 누구나 다 그러잖아요!

○ **save many lives** 많은 생명을 구하다

save ① 구하다, 구원하다 ② (돈, 시간, 노력 등) 아끼다, 낭비하지 않다.

- My uncle helped save my company from bankruptcy.
  삼촌은 내 회사를 파산에서 구하는데 (파산하지 않도록) 도와주었다. (①번 의미)

- You had better save your strength and energy.
  힘과 에너지를 아껴두는 게 좋을 것이다. (②번 의미)

○ **a home wrecker** 가정 파괴범

= a person who breaks up a marriage by having an affair with one of them
남의 배우자와 바람을 피워 결혼을 파괴하는 사람

- He is both literally and figuratively a home wrecker. He's having an affair with my wife while working at my house as a contractor. And he ruined my house by painting the walls shocking pink.
  그는 사전적인 의미와 비유적인 의미 두 가지 면에서 가정 파괴범이다. 공사업자로 내 집에서 일하면서 내 아내와 놀아났다. 그리고 형광 분홍색으로 벽을 칠해 내 집도 망쳐놓았다.

6

I couldn't be less interested. Ange... who?
- Anglelina Jolie. She used to be a famous actress back in the
  late 1990s. Now she is hundreds of years old.

이보다 더 관심이 덜 할 수 없다. 안제.. 누구라고?
 — 안젤리나 졸리에요. 과거 1990년대 후반에 유명한 배우였지요. 지금은 수백 살을 먹었답니다.

○ couldn't be less interested (in) 관심이 덜 할 수 없다. 즉 전혀 관심 없다. 알고 싶지 않다
　비슷한 표현으로, I couldn't care less (about)~ …에 관해 덜 관심을 가질 수 없다. 즉 관심 없다
　— Don't tell me anything about him. I couldn't be less interested.
　　그에 관해 말해주지 마. 전혀 알고 싶지 않으니까.

○ back in the late 1990s 과거 1990년대 후반에
　back in the early 1990s 과거 1990년대 초반에
　— This item was popular back in the 80s.
　　이 물건은 과거 1980년대에 유행했다.

 SNS 시대필수, 영어로 댓글 써보자!

1 When she dated Brad, she knew he was taken. She is a _____
　_____ , a marriage breaker, and an adulteress who is
　addicted to adopting.

　그녀가 브래드와 데이트할 때 브래드가 임자있는 몸이라는 걸 알고 있었다. 그녀는 가정 파괴범, 결혼 파괴범에 간통녀
　이며 입양에 중독되어 있다.

2 Couldn't _____ about her. Her scandal is so 10 years ago.

　그녀에 관해 관심 없다. 그녀의 스캔들은 10년도 더 된 것이다.

3 She _____ many lives, but can't save her own daughter
　from becoming a weirdo?

　많은 목숨을 구하고 있는데. 괴짜로 변하는 자기 딸은 구할 수 없나?

[정답] **1.** home wrecker **2.** care less **3.** saves

Episode **022**

Size 0 Models
Are Out!

깡마른 모델 퇴출!

도대체 무슨 내용일까

● ● ●

구찌, 루이비통, 디오르 등 주요 패션 업계에서 깡마른 모델은 패션쇼에 올리지 않겠다고 선언했다. 모델들의 건강을 위해 과도하게 마른 모델과 16세 이하의 모델은 패션쇼 출연을 금지시키기로 결정한 것이다. 이제부터 패션쇼에 올라가려면 모델들은 BMI 지수가 표시된 의사의 확인서를 가져와 패션쇼에서 워킹을 할 만한 건강이 되는지 여부를 증명해야 한다. 만약 이러한 규칙을 지키지 않으면 4만5천 달러 상당의 벌금을 내야 한다는데, 무조건 말라야 한다는 모델 업계의 관행이 이번 기회에 깨질 수 있을지 주목된다.

Words & Phrases

☐ **discrimination** 차별 *discriminate 차별하다

☐ **give up** 포기하다

☐ **replace** 대체하다, 대신하다

☐ **fashion industry** 패션 산업

☐ **rely on** …에 의지하다

☐ **genetically** 유전적으로 *genetic 유전의

☐ **surreal** 비현실적인, 현실이라 생각할 수 없을 정도로 이상한

☐ **encourage** 부추기다, 북돋우다

☐ **ban** 금지하다(prohibit)

☐ **bimbo** 외모는 예쁘지만 머리에 든 게 없는 여자

1. Is that discrimination?

2. So if I want to be a very thin model, I have to give up my dream? Sounds wrong.

3. Maybe there are no more size 0 models, but size 2 models will replace them soon.
   - True. The fashion industry relies on only looks. No way to control that.

4. What about models who are genetically thin? My sister eats french fries all the time and her size is 2. So she can't be a model?
   - Definitely she can. Only size zero models are out.

5. Is it even possible to be a size zero? Zero means nothing, doesn't it?
   - Obviously you have never watched fashion shows. It is possible.
   - There are reasons for being called size zero. Their legs are surreal.

6. American women are already fat. Why are they encouraging women to be fatter?
   - Not encouraging to be fatter, but encouraging not to be too thin.

7. Great! Playboy and Sports Illustrate, it's time for you to follow their steps.
   - Yes, fire all those skinny bag of bones! I hate them.
   - Let me guess. You are a size 10, right? All size 10 hate size 0.

8. When doing that, how about also banning zero IQ models? So many bimbos in fashion industries.

9. Being fat is not healthy either. I think being too thin is better than being too fat.
   - Both are equally bad.

1

Is that discrimination?
이거 차별 아닌가?

2

So if I want to be a very thin model, I have to give up my dream? Sounds wrong.
만약 내가 엄청 마른 모델이 되고 싶다면 나는 꿈을 포기해야 하나? 뭔가 잘못된 것 같다.

- ○ **It sounds wrong** 맞지 않는 듯 들린다 *wrong 틀리게, 잘못되게
  - You are doing it all wrong. **Let me show you how to do it.**
    너 전부 다 틀리게 하고 있어. 내가 하는 방법을 보여줄게.
  - It went wrong, **so we have to start all over again.**
    이게 잘못되었으니 처음부터 다시 시작해야 해.

3

Maybe there are no more size 0 models, but size 2 models will replace them soon.
  - True. The fashion industry relies on only looks. No way to control that.
사이즈 0 모델은 없어질지 모르지만 사이즈 2모델이 곧 그 자리에 대체될 것이다.
  - 맞는 말이다. 패션 업계는 오로지 외모에만 의존한다. 그걸 통제할 방법은 없다.

- ○ **replace** 대체[대신]하다
  댓글의 의미는 = Size 2 models will replace size 0 models soon.
  - In Hollywood, fading stars are quickly replaced by rising new talents.
    할리우드에서 왕년의 스타들은 이제 떠오르는 젊은 스타들로 재빨리 교체된다.

- ○ **rely on** 의존[의지]하다
  - Every member relies on me and that gives me a lot of stress.
    모든 회원들이 나를 의지하는데, 이건 나에게 많은 스트레스를 준다.

- ○ **There is no way to control that** 그것을 통제할 방법(way)은 없다
  - There is no way to get it for free.
    그것을 공짜로 가질 방법은 없다.
  - There is no way to be a perfect parent.
    완벽한 부모가 될 방법은 없다.

139

4

What about models who are genetically thin? My sister eats
french fries all the time and her size is 2. So she can't be a
model?
- Definitely she can. Only size zero models are out.

선천적으로 마른 모델은 어떻게 되는 거지? 내 여동생은 노상 프렌치 후라이만 먹는데도 사이즈가 2이
다. 그럼 걔는 모델이 못 된다는 뜻?
  – 당연히 될 수 있습니다. 사이즈 0 모델만 퇴출입니다.

○ What about models who 주어+동사? ···인 모델은 어떻게 되는 건가?
  – What about the children who were already
    abused?
    이미 학대를 당한 아이들은 어떻게 되는 건가?
  – What about the hotel where we plan to stay?
    우리가 머물기로 계획한 호텔은 어떻게 되는 것인가?

5

Is it even possible to be a size zero? Zero means nothing,
doesn't it?
- Obviously you have never watched fashion shows. It is
  possible.
- There are reasons for being called size zero. Their legs are
  surreal.

사이즈 0이라는 게 가능하긴 한가? 0이라는 건 없다는 뜻 아닌가?
  – 패션쇼를 한 번도 본 적이 없는 게 분명하네요. 가능합니다.
  – 사이즈 0이라 불리는 데는 다 이유가 있어요. 모델들 다리가 비현실적이에요.

○ There are reasons for+ ~ing[명사] ···에는 이유가 있다
  There are reasons why 주어+동사 = There are reasons to+동사
  – There are several reasons for getting fired.
    해고당하는 데에는 몇 가지 이유가 있다.
  – There are many reasons why I didn't invite your friends.
    내가 네 친구들을 초대하지 않는 데에는 많은 이유가 있다.

○ surreal 초현실적인, 현실이 아닌 것 같은, 현실성이 떨어질 정도로 좀 이상한
  real 사실의, 현실의, 진짜의   unreal 현실 같지 않은, 이상한   irreal 사실[진실]이 아닌
  – I know it sounds surreal but it really did happen.
    나도 이상하게 들린다는 거 알지만 이건 정말 실제로 일어난 일이라고.

6

American women are already fat. Why are they encouraging women to be fatter?
- **Not encouraging to be fatter, but encouraging not to be too thin.**

미국 여자들은 이미 비만이다. 왜 여자들더러 더 비만하라고 부추기는 것인가?
– 더 비만하라고 부추기는 게 아니라 너무 마르지 말라고 부추기는 것이에요.

○ **encourage ~ to** …하도록 부추기다, 독려하다
  – His teacher encouraged him to go back to school and continue his study.
    선생님은 그가 학교로 돌아가 공부를 계속하도록 독려했다.

7

Great! *Playboy* and *Sports Illustrate,* it's time for you to follow their steps.
- **Yes, fire all those skinny bag of bones! I hate them.**
- **Let me guess. You are a size 10, right? All size 10 hate size 0.**

잘 되었네. 플레이보이와 SI 잡지 여러분, 이 조치를 여러분도 따라할 시기입니다.
– 맞아요. 뼈 자루 같은 말라깽이들 다 해고하세요! 걔네들 정말 싫어요.
– 예상컨대, 당신 사이즈 10이지? 사이즈 10은 사이즈 0을 다 싫어하잖아.

○ **It's time for+사람+to+동사** …가 …할 시간이다
  A: It's time for me to love myself and be proud of my body.
     나 자신을 사랑하고 내 몸을 자랑스럽게 여길 시간이야.
  B: Meaning… 그렇다면 그 말은…
  A: Meaning it's time for me to start eating and stop dieting.
     그 말은 먹기 시작하고 다이어트를 중단할 시간이라는 뜻이지.

○ **follow one's steps** …의 자취(조치)를 따르다, 따라하다
  follow one's heart (머리, 이성적 사고가 아닌) 마음이 이끄는 대로 가다
  follow one's nose 냄새를 따라가다, 즉 직감에 의존해서 가다
  – I am in charge now, so follow my lead.
    지금은 내가 책임자니까 내가 이끄는 대로 따라와.

○ **a bag of bones** 뼈가 들어 있는 자루, 뼈가 앙상한 마른 사람
  이 표현은 흉할 정도로 말랐을 뿐 아니라 생김새도 예쁘지 않다는 어감이다. 모델에게 이런 표현을 쓴 것으로 보아 이 댓글을 쓴 사람은 모델에 대한 반감이 큰 것 같다. 또 대댓글에서 마른 사람을 그냥 a size 0, 비만한 사람을 a size 10으로 표현했는데 일반적으로 뼈만 앙상한 사람은 a bony person, 비만한 사람은 a plus size person이라고 표현한다.
  – Good for nothing, a bag of bones. 아무 짝에도 쓸 데가 없는 말라깽이 같으니.

8

When doing that, how about also banning zero IQ models?
So many bimbos in fashion industries.

그거 할 때 IQ 0 모델도 금지하는 거 어때요? 패션 업계에 얼굴만 반반한 돌머리들이 너무 많아요.

❂ **How about+ ~ing[명사]** …(하는)게 어때?

about이 전치사이기 때문에 명사가 오거나, 동사의 경우 ~ing(동명사)가 와야 한다.

- How about ice cream? 아이스크림은 어때?
- How about making ice cream? It's easy to make.
  아이스크림 만드는 건 어때? 만들기 쉽거든.

Being fat is not healthy either. I think being too thin is better
than being too fat.
  - Both are equally bad.

비만한 것 역시 건강에 좋지 않아요. 너무 마른 게 너무 비만한 것보다 나은 것 같은데.
  - 둘 다 똑같이 나쁩니다.

❂ **not ~ either** …도 아니다 …역시 아니다

- Being fat is not healthy either. 뚱뚱한 것 역시 건강에 유익한 건 아니다.
  = Being too thin is not healthy. Being too fat is not healthy either.
  = Neither being too thin nor being too fat is healthy.
- Neither Korea nor China won the game. 한국도 중국도 경기에서 이기지 못했다.
  = Korea didn't win the game and China didn't either.

◀ SNS 시대필수, 영어로 댓글 써보자!

1 _____ size 0 _____ size 2 can be a model… then who
can be a model? Size 10?

사이즈 0도 사이즈 2도 모델이 될 수 없다… 그럼 누가 모델이 될 수 있나? 사이즈 10?

2 _____ making a law banning *Playboy* and *Sports Illustrated*?

플레이보이와 SI 잡지를 금지하는 법안을 만드는 건 어떤가?

3 No matter what, the fashion industries don't hire not-skinny models.
_____ that.

누가 뭐래도 패션업계 사람들은 마른 사람을 좋아한다. 이걸 통제할 방법은 없다.

[정답] **1.** Neither, nor **2.** How about **3.** No way to control

The Latest Korean Beauty Trend, Glass Skin

최신 한국의 아름다움 트렌드, 유리 피부

도대체 무슨 내용일까

한국 화장품이 중국, 일본 등 아시아 시장 뿐 아니라 미국과 유럽 등 서양인들 대상의 시장까지 진출하고 있다. 한국인들의 피부가 대체적으로 서양인들에 비해 좋다는 인식과 함께 비교적 저렴하면서도 품질이 우수한 한국 화장품의 인기도 높다고 한다. 한국에서 흔하게 듣는 표현인 '유리 피부,' '도자기 피부'는 피부가 투명하고 매끄러우며 광채가 난다는 의미인데, '유리 피부'로 가꾸어 준다는 한국 화장품을 소개하는 기사에 달린 댓글로 미국인들의 생각을 읽어보자.

Words & Phrases

- **glass** 유리 *glassy 유리와 같은
- **greasy** 기름기가 도는
- **puff up** 부풀리다
- **blown-up** 부풀린, 확대된, 과장된
- **cosmetics** 화장품
- **all the rage** 대유행인
- **plastic** 플라스틱(의)

- **laminated** 합판의, 보호용 래미네이트를 입힌
- **unnatural** 자연스럽지 않은, 인공적인
- **ads** 광고 = advertisements
- **slather** 듬뿍 바르다, 넉넉히 (아끼지 않고) 쓰다, 바르다
- **snail slime** 달팽이 점액 (slime 끈끈한 점액)
- **turtle wax** 거북이 밀랍(광택을 낼 때 쓰는 왁스)

1. glass skin? more like greasy skin.

2. Koreans are odd. Why do they want to have glass skin?
   - No different from American women getting their lips puff up.
   - Frankly speaking, puffy lips look way weirder than glassy skin.

3. Those Korean lotions and creams make me look like that model? No thanks.

4. I don't understand why S Korea's cosmetics are all the rage. This girl has a plastic laminated appearance. So unnatural.
   - so unnatural unlike American models? You've got to see the pictures of Estee lauder ads. The model's skin looks very much natural. haha

5. The Korean mask packs I bought online are great. I am a big fan of Korean cosmetics, but even I don't understand this picture.

6. She does look glassy. But I am not sure if I want to look glassy…
   - and I am not sure if there is such a thing as "glass skin".

7. If I slather one of those creams on my skin, I will have that smooth skin?
   - Please don't do that. It seems she slathers snail slime on her skin.
   - Actually snail slime is good for skin. I think turtle wax, in her case.

8. Do not believe this kind of scam, women. Just eat healthy food and have a good sleep.

1

glass skin? more like greasy skin.
유리 피부? 미끈거리는 피부겠지.

- ✿ **greasy vs. fatty**
  두 단어 모두 '기름진, 기름기가 도는'의 의미인데 차이가 있다면, 표면에 기름기가 도는
  경우는 greasy, 기름기가 안[내부]에 포함되어 기름진 경우는 fatty를 쓴다.
  - Put those greasy forks and spoons in the dishwasher.
    기름이 묻은 포크와 숟가락을 식기 세척기에 넣어라.
  - A diet high in fatty foods has a bad effect on your heart.
    기름진 음식이 많이 먹는 것은 심장에 안 좋은 영향을 미친다.

2

Koreans are odd. Why do they want to have glass skin?
- No different from American women getting their lips puff up.
- Frankly speaking, puffy lips look way weirder than glassy skin.

한국인들은 이상하다. 왜 유리 피부를 갖고 싶어 하는지?
  - 미국 여자들이 입술을 부풀리고 싶어 하는 것과 다르지 않다.
  - 솔직히 부푼 입술이 유리 피부보다 훨씬 더 이상해 보인다.

- ◐ **no different from** *vs.* **no difference between** …와 다른, 차이가 없는
  - His opinion is no different from mine.
    그의 의견은 내 의견과 다르지 않다.
  - There is no difference between his opinion and mine.
    그의 의견과 내 의견 사이에 차이점은 없다.

- ◐ **get puffed up lips** 입술을 붓게 하다
  원래 puff up은 '염증, 알러지 등으로 붓다, 부어오르다'는 의미로 puffy lips, swollen lips(부은
  입술)로 표현한다. 이 댓글을 쓴 사람은 미용 시술로 안젤리나 졸리, 카일리 제너처럼 입술을 도톰하
  게 만든 미국인들의 입술에 puff up이라는 표현을 썼다.
  한 때 카일리 제너 때문에 컵을 이용해 입술을 일시적으로 부어오르게 만드는 게 미국에서 유행했는
  데, 입술이 괴상하게 부은 어린 소녀들의 사진이 SNS 상에서 뜨거운 논란이 되기도 했다. 댓글을 쓴
  사람은 이를 두고 일부러 입술을 붓게 하는 게 유리 피부보다 더 이상하다고 말한 듯하다.
  - I used lip filers to plump up my lips. Now my lips are puffy.
    나는 내 입술을 도톰하게 하려고 립 필러(충전제)를 사용했다. 이제 내 입술은 도톰하다.

145

3

Those Korean lotions and creams make me look like that model? No thanks.

저 한국산 로션과 크림을 바르면 저 모델처럼 보이게 된다는 뜻? 사양하겠다.

⊙ **no thanks** 사양하다

'Thanks but no thanks. 고맙지만 사양하다' 라는 표현도 자주 사용된다.
그냥 'No!'라고 말하는 것 보다 예의를 갖추어 정중하게 거부하고 싶을 때 쓴다.

– It looks yummy, but no thanks. I am full.
맛있게 보이긴 한데 사양할게요. 배가 불러서요.

4

I don't understand why S Korea's cosmetics are all the rage. This girl has a plastic laminated appearance. So unnatural.
  - so unnatural unlike American models? You've got to see the pictures of Estee lauder ads. The model's skin looks very much natural. haha

왜 한국 화장품이 대유행인지 이해할 수 없다. 저 소녀(사진의 모델)는 플라스틱 합판을 쓴 듯한 모습이다. 너무 부자연스럽다.
  – 미국인 모델들과 달리 부자연스럽다는 뜻? 에스테 로더 광고 사진을 좀 보세요. 모델 피부가 엄청나게 자연스럽더군요. 하하.

⊙ **be all the rage** 대유행이다
  – Getting puffy lips is all the rage among teens.
    십대들 사이에 도톰한 입술을 가지는 게 대유행이다.

⊙ **You've got to see~** ···를 꼭 봐야 겠다. 꼭 보라 = You must (have to) see~
한국 화장품 광고 모델 피부나 에스테 로더 광고 모델 피부나 비현실적으로 자연스럽지 않은 건 마찬가지라는 의미로 비꼰 댓글. 에스테 로더 같은 제품명은 대문자 Estee Lauder로 써야 맞다. (뒤에 나오는 거북이 왁스Turtle Wax 역시 대문자로 써야 한다.)

5

The Korean mask packs I bought online are great. I am a big fan of Korean cosmetics, but even I don't understand this picture.

온라인으로 구매한 한국산 마스크 팩은 참 좋았어요. 나는 한국 화장품 팬이긴 한데 그런 나도 저 사진은 이해할 수 없군요.

⊙ **a big fan of~** ···의 광팬, ···를 굉장히 좋아하는 사람
  – I am not a big fan of his work. But I admire his sincerity.
    나는 그의 작품을 그다지 좋아하지는 않지만 그의 성실성은 존경한다.

6

She does look glassy. But I am not sure if I want to look glassy...
- and I am not sure if there is such a thing as "glass skin".

저 여자가 정말 유리처럼 보이긴 합니다. 하지만 내가 유리처럼 보이길 원하는지는 잘 모르겠네요.
– 그리고 '유리 피부'라는 게 실제 있는지도 확신할 수 없다.

✪ 강조의 do 조동사

본동사를 강조하기 위한 조동사로 시제, 인칭 등이 do 동사에서 표현된다.

Her skin does look glassy. = Her skin really looks glassy.

그녀의 피부는 정말 유리처럼 보인다. (댓글은 She로 썼지만, 의미상 Her skin이 더 적당한 표현)

– I did do my homework. I couldn't turn it in 'cause my dog ate it. That really did happen, believe me.

정말 숙제를 했다니까요. 개가 숙제를 먹어서 못 가져온 거예요. 정말 그랬다고요. 믿어주세요.

✪ I am not sure 잘 모르겠다, 확신할 수 없다

앞서 나온 내용에 대해 반대의 의견을 말할 때 쓸 수 있는 표현이다.

– I am not sure if it will happen again.

그게 또 발생할지 잘 모르겠다. = 그게 또 발생할 것 같지 않다.

7

If I slather one of those creams on my skin, I will have that smooth skin?
- Please don't do that. It seems she slathers snail slime on her skin.
- Actually snail slime is good for skin. I think turtle wax, in her case.

저 크림들을 피부에 처바르면 저런 부드러운 피부를 갖게 된다는 겁니까?
– 제발 그러지 마세요. 저 여자는 피부에 달팽이 진액을 처바른 듯 보입니다.
– 사실 달팽이 진액은 피부에 좋습니다. 내 생각에 저 여자의 경우 거북이 왁스 같아요.

✪ slather ~ on skin 피부에 …를 듬뿍 바르다

서양 식재료 브랜드 중 Slather Brand(Slather It On)가 있다. 바비큐를 구울 때 Slatherin Barbecue Sauce를 듬뿍 바르고 구우면 된다. 피부 제품을 생산하는 브랜드인 Skin Strong 제품 중 Skin Strong Slather는 건조해서 쓸리는 피부에 듬뿍 바르면 좋다고 광고한다. 이처럼 slather는 피부 뿐 아니라 어떤 표면에 무언가를 아낌없이 듬뿍 바르거나 묻힐 때 쓸 수 있는 표현이다. '대량, 다수, 듬뿍'의 의미로 명사로도 쓸 수 있다.

– First slather this sweet tomato sauce on both sides of the raw steak.

먼저 익히지 않은 스테이크의 양쪽 면에 달콤한 토마토 소스를 듬뿍 바르시오.

8

Do not believe this kind of scam, women. Just eat healthy food and have a good sleep.

여자들아, 이런 사기를 믿지 마라. 그냥 건강에 좋은 음식 먹고 잠을 푹 자면 된다.

⟳ have a good sleep 잘 자다, 숙면을 취하다
have a good day (evening, morning, night) 하루 (저녁, 아침, 밤)를 잘 보내다
have a good summer (vacation, trip) 여름 (휴가, 여행) 잘 보내다
have a good Monday (Christmas, holiday) 월요일 (성탄절, 휴일)을 잘 보내다
have a good time (break) 좋은 시간 (휴식 시간)을 보내다
have a good birthday (lunch time) 생일 (점심시간)을 잘 지내다

⟨⟩ SNS 시대필수, 영어로 댓글 써보자!

1 I _____ if glassy skin looks good.
유리 같은 외모가 좋은 건지 잘 모르겠다.

2 Why do women want to _____ something greasy on their face?
왜 여자들은 무언가 기름진 것을 얼굴에 처바르길 원하는 것인가?

3 I thought there was no such thing as glass skin. But turns out it
_____ exist.
유리 피부라는 건 없다고 생각했다. 그런데 알고 보니 정말 존재하고 있다.

[정답] **1.** am not sure **2.** slather **3.** does

Teen kills Mom After She Said He Couldn't Keep a Puppy

강아지를 키울 수 없다는 엄마 말에 십대 소년 엄마를 살해하다

도대체 무슨 내용일까

미시건에서 자고 있는 엄마의 머리에 총을 쏜 19세 소년이 살인과 총기류 소지로 입건되었다. 소년은 경찰에 전화를 걸어 아침에 집에 와보니 엄마가 죽어 있었다고 신고했다. 하지만 조사 결과, 총을 쏜 사람은 다름 아닌 아들 자신이었다. 이유는 강아지를 키우고 싶은데 엄마가 반대했기 때문. 아들은 새벽에 자는 엄마의 뒤통수에 총을 쏘고 근처 도로에 총을 버린 다음 경찰에 신고한 것이다. 총기 관련 사건이 빈번한 미국이라지만, 강아지를 못 키우게 한다고 엄마를 살해한 이 사건은 미국인들에게도 기가 막히고 말문이 막히는 큰 충격이 아닐 수 없다.

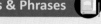

Words & Phrases

□ **life sentence** 종신형 (줄여서 life로 쓰기도 한다.)

□ **parole** 가석방

□ **jailor (jailer)** 간수 *jail 감옥

□ **move out** 이사를 나가다

□ **apparently** 확실히, 분명히

□ **murderer** 살인자 *murder 살인하다

□ **psycho** 정신병자

□ **thickhead** 멍텅구리

□ **confuse** 혼동하다, 헷갈리다

□ **spoiled** 망친, 고장 난 *spoiled kid 너무 응석받이로 키워 버릇이 없고 이기적인 아이

□ **self-absorbed** 자기중심적인, 자기에게만 몰두하는

□ **rotten** 썩은 *rot 썩다

□ **tragedy** 비극 *tragic 비극적인

1. Life without parole. Please.

2. The jailor must be careful when he tells him he can't have a puppy in jail.

3. He is 19? Why didn't he move into his own house and have all the pets he wanted?
   - because he is a loser, apparently. now he is a murderer.
   - If he was normal enough to do that, he wouldn't kill his mom.

4. If he was a black kid, the whole media would talk about how bad blacks are. Thank God this bastard is white.
   - Whites do this kind of thing all the time. Only the media wouldn't talk about it.
   - How is this a racial issue? A boy killed his mom!

5. Ugh, another freaking psycho we have to feed with tax money.

6. White on white crime is way worse than black on black crime. Blacks may kill rivals, enemies, sometimes friends and neighbors, but we don't kill our moms.
   - You make blacks look great. Nice job, man.

7. It is possible that this stupido confused the real life with computer games.
   - Totally possible. Look at him. He looks dumb.

8. A typical spoiled and self-absorbed kid rotten by Liberals.
   - This tragedy has nothing to do with liberals. My parents are very much liberal and Democrats actually but I don't kill my mom.
   - You mean, yet. Yes, I hate liberals and democrats.
   - I don't understand why everything has to be political and racial.

1

Life without parole. Please.
가석방 없는 종신형이요. 제발.

- ⏻ life = life sentence = life in prison 종신형
  댓글은 Give him life without parole에서 Give him을 생략한 문장
  - **The judge** sentenced **him** to life in prison without the possibility of parole.
    판사는 그에게 가석방의 가능성이 없는 종신형을 선고했다.

2

The jailor must be careful when he tells him he can't have a puppy in jail.
간수가 이 자에게 감옥에서는 강아지를 키울 수 없다고 말해줄 때 조심해야 할 것이다.

- ✪ jail, prison, cell 모두 '감옥'인데, cell은 특히 '작은 감방'을 의미한다.
  jailor(jailer)는 감옥에서 죄수를 감독하는 '간수'이고, prisoner는 감옥에 갇힌 '죄수'이다.
  - **Do not expect** jailors **to be kind to** prisoners. **They are tough.**
    간수가 죄수들에게 친절하리라 기대하지 마라. 그들은 거칠다.
- ⏻ 동물의 새끼
  dog 개 – puppy 강아지   goat 염소 – kid 아기 염소
  chicken, bird 닭, 새 – chick 병아리, 아기 새   cat 고양이 – kitten 아기 고양이

3

He is 19? Why didn't he move into his own house and have all the pets he wanted?
- because he is a loser, apparently. now he is a murderer.
- If he was normal enough to do that, he wouldn't kill his mom.
19세라고? 그럼 왜 자기 집에서 원하는 모든 애완동물을 키우지 않았을까?
  - 당연히 녀석이 얼간이기 때문이지요. 이제는 살인자가 되었지만.
  - 그럴 정도로 정상이었다면 엄마를 죽이지 않았겠지.

- ⏻ 가정법 과거(현재 사실의 반대) : If 주어+과거 동사, 주어+would + 동사원형
  - If he was **normal,** he wouldn't **kill.** 그가 정상이라면 죽이지 않았을 것이다. (정상이 아니다.)
    댓글은 가정법 과거로 되어 있지만 이 댓글을 쓸 당시에는 소년이 이미 엄마를 죽였으므로, 가정법
    과거 완료(과거 사실의 반대)로 써야 맞다. If 주어+had+과거분사, 주어+would+have+과거분사
    If he'd been normal, he wouldn't have killed his mom.

4

If he was a black kid, the whole media would talk about how bad blacks are. Thank God this bastard is white.
- Whites do this kind of thing all the time. Only the media wouldn't talk about it.
- How is this a racial issue? A boy killed his mom!

이 자가 흑인이었다면 대중 매체 전체가 흑인이 얼마나 끔찍한지 떠들었을 것이다. 이놈이 백인인 게 천만다행이다.
- 백인들은 언제나 이런 짓을 한다. 대중 매체들이 이에 대해 떠들지 않을 뿐이다.
- 이게 어떻게 인종차별 문제가 된 겁니까? 아이가 엄마를 죽였어요!

○ 명사절 vs. 감탄문 vs. 의문문
- They talk about how bad blacks are. 그들은 흑인들이 얼마나 나쁜지를 말한다.(명사절)
- How bad blacks are! 흑인들은 얼마나 나쁜지!(감탄문)
- How bad are blacks? 흑인들은 얼마나 나쁜가요?(의문문)

○ do this kind of thing 이런 종류의 일을 하다
- He does these kinds of crazy things all the time.
  그는 이런 종류의 미친 짓을 항상 한다.
- Why did you do this kind of dangerous thing in the first place?
  애초에 이런 위험한 짓을 왜 했지?

○ race ① 경주하다, 경주 ② 인종 *racial 인종적인
- He won the race. 그는 경주에서 이겼다. (① 번 의미)
- Different races have different physical appearances.
  다른 인종은 다른 신체적 외모를 가진다. (② 번 의미)

5

Ugh, another freaking psycho we have to feed with tax money.
어이구, 우리가 세금으로 먹여 살려야 할 미치광이가 또 생겼네.

❂ psycho 정신 질환자 (wacko, sicko, weirdo과 비교할 때, 질병의 측면이 더 강하고 어감도 폭력적이라 더 부정적인 표현이다.)

psy- 정신, 심리의 (p는 묵음이라 발음하지 않는다.)

psychology 심리학, 심리   psychologist 심리학자
psychiatric 정신 의학의   psychiatrist 정신과 의사 (shrink)
psychopath 반사회적 행동, 심리 이상 증상을 가진 자, 싸이코패스,
psychic 초자연적인, 심령의, 초능력이 있는, 점쟁이 (fortuneteller)

- She is not a psycho, she is a psychic who can see the future.
  그녀는 정신병자가 아니라 미래를 볼 수 있는 심령술사이다.

6

White on white crime is way worse than black on black crime. Blacks may kill rivals, enemies, sometimes friends and neighbors, but we don't kill our moms.
 - You make blacks look great. Nice job, man.

백인이 백인에게 저지르는 범죄는 흑인이 흑인에게 저지르는 범죄보다 훨씬 사악하다. 흑인들이 경쟁자, 적, 가끔 친구나 이웃을 죽이긴 하지만, 우리는 엄마는 안 죽인다.
 – 당신 덕분에 흑인이 아주 훌륭하게 보인다. 아주 잘 했어, 친구.

○ way 훨씬 더 (비교급을 강조)

way worse than …보다 훨씬 더 나쁜   way better than …보다 훨씬 더 좋은

 – Your way is way better than mine. Let's do it you way.
   네 방법이 내 방법보다 훨씬 낫다. 네 방식으로 해보자.

○ You make blacks look great. Nice job, man.

이 대댓글을 단 사람은 이웃에 친구도 죽이는데 엄마만 안 죽인다는 게 무슨 자랑이냐는 의미로 비꼰 것이다. 앞에서도 나왔지만 여기서 쓰인 Nice job은 정말 잘해서 칭찬하려고 쓴 게 아니라 비아냥거리려고 쓴 것이다.

 – Nice job! You trashed everything. Now we have to clean this mess up. Thanks, man. 아주 잘했네! 죄다 엉망으로 만들었어. 이제 우리가 이 난리를 치워야하네. 아주 고마워.

7

It is possible that this stupido confused the real life with computer games.
 - Totally possible. Look at him. He looks dumb.

이 멍텅구리가 실제 삶과 컴퓨터 게임을 혼동했을 가능성이 있다.
 – 충분히 그럴 수 있다. 놈을 봐라. 멍청하게 생겼다.

○ confuse 혼동하다. 혼동시키다

댓글에서 주어 stupido (a person who is stupid 멍텅구리)가 '현실과 게임을 혼동하다'라는 의미로 this stupido confused A and (with) B (이 멍텅구리가 A와 B를 혼동했다)구문으로 썼다.

 – Sorry If I confused you. 당신을 혼란스럽게 만들었다면 미안합니다.

주어가 혼동할 경우, (혼란을 당한 사람이 주어일 경우) 인칭 주어+be confused

 – I am confused. You like me but you have to fire me? What does that mean?
   혼란스러워요. 당신은 내가 마음에 들지만 나를 해고해야만 하다니요? 무슨 말인지? (인칭 주어)

 – Your story is very confusing and doesn't make any sense.
   당신의 이야기는 아주 헷갈리고 전혀 말이 되지 않아요. (비인칭 주어)

이처럼 인칭 주어일 때 be + pp 형태로 쓰이는 동사 : disappoint, surprise, interest

 – I am disappointed. 난 실망했다. – My work is disappointing. 내 작품은 실망스럽다.

8

A typical spoiled and self-absorbed kid rotten by Liberals.
- This tragedy has nothing to do with liberals. My parents are very much liberal and Democrats actually but I don't kill my mom.
- You mean, yet. Yes, I hate liberals and democrats.
- I don't understand why everything has to be political and racial.

진보주의자들에 의해 길러진 전형적인 응석받이에 자기에게만 몰두하는 아이.
- 이 비극적인 사건은 진보주의자들과 아무 상관없어요. 내 부모님은 대단히 진보적이고 사실 민주당원들이지만 나는 엄마를 죽이지 않아요.
- 아직 안 죽였다는 뜻이겠지요. 맞아요, 나는 진보주의자들과 민주당원들을 증오합니다.
- 왜 모든 게 정치적이고 인종적인 문제가 되는지 이해할 수 없다.

♻ **spoiled kid** 예뻐하기만 하고 제대로 훈육하지 않아 예의가 없고 자기 마음대로인 아이

self-absorbed kid 남은 생각하지 않고 자기 생각만 하는 아이

버릇이 안 된 아이를 표현할 때 rotten 표현도 쓰인다. 원래 '썩은'이란 뜻인데, '형편없는, 끔찍한'의 의미도 있다. 이 댓글에서는 원래 A kid raised by Liberals라고 써야 하지만, 댓글을 쓴 사람이 진보주의자들을 굉장히 싫어하는지 'rotten by Liberals 진보주의자들에 의해 못쓰게 된 아이'라는 식으로 표현했다.

- You spoil your kid. Haven't you heard the saying 'Spare the rod, spoil the child?' 당신은 애를 망치고 있어요. '매를 아끼면 애를 망친다'는 말도 못 들어봤어요?
- I can't stand that spoiled brat! Get him out, now!
제멋대로에 버릇없는 저 녀석을 견딜 수가 없어요! 당장 데리고 나가세요!

⟨ SNS 시대필수, 영어로 댓글 써보자!

1 I am _____. This 19-year-old guy killed his mom over a pet?
이해할 수가 없네. 19세인 이 남자가 애완동물 때문에 엄마를 죽였다고?

2 It's not a _____. It's a human issue.
이건 인종 문제가 아니라 인간의 문제이다.

[정답] 1. confused 2. racial issue

Educate
Your Children!

애들 교육 좀 시키시오!

도대체 무슨 내용일까

장애 아들이 학교에서 물리적, 정신적 괴롭힘을 당한데 견디지 못한
아버지가 SNS를 통해 괴로운 심정을 토로했다. 피부, 근육, 뼈 성장
장애를 동반한 이 희귀병으로 시력과 청각도 거의 잃어가는 이 초등생
아이는 학교에서 온갖 언어폭력에 시달렸다. 아버지의 눈물어린 호소
가 통했는지, 학부모들은 자신의 자녀들이 장애아 친구를 괴롭히는지
여부에 지대한 관심을 갖기 시작했고, 아이의 지옥 같은 학교생활은
조금씩 나아지고 있다고 한다. 학교 폭력으로 인한 자살 사건이 끊이
지 않는 미국에서 이 사건을 어떻게 바라보는지, 댓글로 알아보자.

Words & Phrases

□ **demon** 악마

□ **experience** 경험, 경험하다

□ **affect** 영향을 미치다 = have an effect

□ **treat** 취급하다, 다루다

□ **educate** 교육시키다 *education 교육

□ **suck** 빨다, 형편없다, 나쁘다

□ **syndrome** 증후군

□ **advice** 조언 *advise 조언하다, 충고하다

□ **get used to** 익숙해지다

□ **retard** 지체시키다, 지연시키다, (모욕적) 저능아

□ **inappropriate** 부적절한 *opp.* appropriate

1. No matter how young he is, a person who bullies a sick friend is a demon, to say the least.
   - and once a demon, always a demon. I speak from my personal experience.

2. I was bullied and that still affects my life even though I am in the mid 30s. Bullying is bad.

3. Parents! teach your kids being different is not wrong, but special!

4. Kids see how their parents treat others and that has an effect on how they treat their friends. So, we have to educate parents first.
   - Don't forget teachers. Some of them really need to be taught.

5. God, dealing with his health problem is already hard enough, but he has to deal with bullying problems, too?

6. Hey, kids. I fully understand why you bullied this poor boy because I did the same when I was a kid. Guess what happened to me. All my life, everybody, including my family, considered me an asshole. That sucks.

7. I have a boy with Tourettes syndrome. I know what he and his boy have been through. My advice? Get used to it. Mean people, both adults and children, never change.

8. Bully the sick kid? What are they? Some kind of retards?
   - Um... your choice of words is sort of inappropriate here.

1

No matter how young he is, a person who bullies a sick friend is a demon, to say the least.
- and once a demon, always a demon. I speak from my personal experience.

얼마나 어리든 상관없이, 아픈 친구를 괴롭히는 사람은 좋게 표현해도 악마이다.
– 그리고 한 번 악마는 영원한 악마이다. 개인적인 경험에서 하는 말이다.

◐ no matter how+형용사+주어+동사 누가 아무리 (얼마나) …하더라도
　　no matter how hard 아무리 힘들더라도　　　no matter how easy 아무리 쉽더라도
　　no matter how old 아무리 늙어도　　　no matter how slow 아무리 느리더라도
　　– No matter how tall he is, he can't be a model.
　　　그가 아무리 키가 커도 모델은 될 수 없다.

◐ to say the least 가장 덜 나쁘게 말해도, 좋게 말해도
　　원래는 무언가 좋지 않은 것을 심하지 않은, 너무 나쁘지 않게 말할 때 쓰는
　　표현이다.
　　– You look different, to say the least. Actually very
　　　different in a very bad way. What happened to your face?
　　　좋게 말해서 좀 다르게 보인다. 사실 아주 나쁜 쪽으로 아주 다르게 보여. 얼굴이 왜 그 모양이야?

　　그런데 댓글을 쓴 사람은 그나마 좋게 표현해도 악마라고 할 수밖에 없다며 분노를 표현했다.

◐ speak from experience 경험에서 (경험해 보고) 하는 말이다.
　　– Don't tell her your secret. Believe me, I speak from experience.
　　　그녀에게 네 비밀은 말하지 마. 경험에서 하는 말이니 내 말을 믿어.

2

I was bullied and that still affects my life even though I am in the mid 30s. Bullying is bad.

나는 괴롭힘을 당했는데, 그게 심지어 30대 중반인 지금도 내 삶에 영향을 미치고 있다. 괴롭힘은 나쁘다.

◐ and that affects my life
　　that = 앞 문장에서 언급한 내용, 즉 the fact that I was bullied
　　– I was born into a rich family and that made my life very easy.
　　　나는 부잣집에 태어났는데, 그것은 내 삶을 아주 쉽게 만들었다.

◐ I am in my mid 30s 나는 30대 중반이다
　　– It seems women in their early 30s don't like to get married.
　　　30대 초반의 여성들이 결혼하기를 싫어하는 것 같다.

3

Parent! teach your kids being different is not wrong, but special!
부모들, 다른 건 틀린 게 아니라 특별한 거라고 애들 교육 좀 하시오!

🔵 동명사 주어
- Being different from other people is not easy. 다른 사람들과 다르다는 건 쉽지 않다.
- Cooking with my grandpa makes me happy.
  할아버지와 요리하는 건 나를 행복하게 한다.

4

Kids see how their parents treat others and that has an effect on how they treat their friends. So, we have to educate parents first.
    - Don't forget teachers. Some of them really need to be taught.
아이들은 자기 부모가 남을 어떻게 대하는지 보고, 이는 아이들이 친구를 어떻게 대하는가에 영향을 미친다. 그러니 먼저 부모부터 교육해야 한다.
    – 교사들 교육도 잊지 말도록. 교사 중 일부는 교육이 절실하다.

🔵 treat ① 대하다, 상대하다, 다루다 ② 특별한 선물
- Don't treat me like a child. I am 16, which means I am almost an adult.
  나를 아이로 취급하지 마세요. 나는 16세이고, 그건 거의 어른이라는 뜻이에요. (① 번 의미)
- I will buy you guys frozen yogurt. It's my treat.
  내가 너희들에게 프로즌 요거트 사줄게. 내가 쏘는 거야. (② 번 의미)

5

God, dealing with his health problem is already hard enough, but he has to deal with bullying problems, too?
세상에, 자기 건강 문제와 씨름하기도 이미 버거운데 괴롭히는 문제와도 씨름해야 한단 말인가?

🔵 ~ is hard enough …만으로도 충분히 힘들다, 버겁다
- Being an alcoholic is bad enough, and you are addicted to drugs too?
  알코올 중독자라는 것만으로도 충분히 나쁜데, 너는 마약 중독까지 있다는 거야?

6

Hey, kids. I fully understand why you bullied this poor
boy because I did the same when I was a kid. Guess what
happened to me. All my life, everybody, including my family,
considered me an asshole. That sucks.

얘들아, 너희가 불쌍한 이 아이를 괴롭힌 이유를 나는 잘 이해한다. 나도 어렸을 때 똑같이 했기 때문이
야. 나한테 어떤 일이 벌어졌는지 아니? 일평생, 가족을 포함해서 모든 사람이 나를 머저리로 생각한단
다. 정말 끔찍해.

◐ **I fully understand** ···를 잘 이해한다. *fully 전적으로 매우 잘
 - You can fully express **your opinion.** 너는 너의 의견을 충분히 표현할 수 있다.
 - No one fully prepared for **the test.** 시험을 완전히 준비한 사람은 없었다.

◐ **suck** ① 빨다 ② 형편없다, 나쁘다
 - Vampire bats don't suck blood. **They just
   drink blood dripping from wounds.**
   흡혈박쥐는 피를 빨지 않는다. 상처에서 떨어지는 피를 마실 뿐이
   다. (① 번 의미)

 - I bought it yesterday but it's already broken.
   It sucks. 이거 어제 샀는데 벌써 고장 났어. 완전 후졌어. (②
   번 의미)

7

I have a boy with Tourettes syndrome. I know what he and
his boy have been through. My advice? Get used to it. Mean
people, both adults and children, never change.

내 아들이 뚜렛 증후군입니다. 아버님과 아들이 어떤 일을 겪고 있는지 잘 압니다. 나의 충고요? 그냥
익숙해지세요. 비열한 사람들은, 아이든 어른이든, 절대 변하지 않아요.

◐ **사람+with+병명** 어떤 병을 앓는 사람
 a mother with cancer 암을 앓는 엄마　**a man with depression** 우울증 앓는 남자
 - I'm telling you as a patient with pneumonia, **watch what you eat.**
   나 자신도 폐렴 환자로서 말하는데, 무엇을 먹는지 살펴보세요.

◐ **have been through** 전부터 어떤 일을 겪다(현재완료)
 - You have no idea what I have been through.
   내가 무슨 일을 겪었는지 너는 상상도 못 한다.

◐ **Get used to it** (이후로도 계속 그럴 테니) 익숙해지세요, 원래 그러려니 하세요
 - I'm sure you will get used to it in no time. Just be patient.
   금방 익숙해질 겁니다. 좀 참으세요.

8

Bully the sick kid? What are they? Some kind of retards?
- Um... dude, your choice of words is sort of inappropriate here.

아픈 아이를 괴롭혀? 뭐하는 애들이야? 저능아 아니야?
  — 어… 이봐, 이 기사에서는 당신의 단어 선택이 좀 부적절한데.

⚙ some kind of~ 일종의, 그런 종류의

그래서 댓글 Are they some kind of retards?는 Are they retards or something? 또는 Are they retarded?와 같은 의미이다.

앞에서도 나왔지만, retard는 장애인을 비하하는 부정적인 어감의 표현으로 사용에 주의해야 한다. 그래서 대댓글을 단 사람도 your choice of words is inappropriate (단어 선택이 부적절하다), 즉 장애인 아이를 괴롭힌 아이들을 비난하면서, 정신 지체 장애인을 비하하는 표현인 retard를 사용한 것이 적절하지 못하다고 지적했다.

✉ SNS 시대필수, 영어로 댓글 써보자!

1 But no matter _____ you try, you can't make bullies stop bullying.

아무리 열심히 노력해도, 괴롭히는 애들이 남을 괴롭히지 않게 만들 수 없다.

2 I speak _____, just get _____. If you can't stand it any more, transfer to another school.

경험에서 하는 말인데 그냥 적응해라. 도저히 못 견디겠으면 전학가라.

[정답] **1.** how hard **2.** from experience, used to it

The Danger of Tattooing an Eyeball

눈알 문신의 위험

도대체 무슨 내용일까

● ● ●

한 젊은 여성이 눈알 문신 후 한쪽 눈에서 보라색 눈물이 나오고 한 쪽 시력도 상실했다. 원래는 눈의 흰 부분인 공막에 색깔을 넣는 문신을 하려고 했는데, 문신 시술 과정에서 잘못된 것이다. 그 결과 엄청난 통증과 함께 한쪽 시력이 영구 손상되고 말았다. 이 여성은 자신과 같은 사고를 다른 사람들이 겪지 않도록 경고하기 위해 자신의 SNS에 끔찍한 본인의 사진과 함께 사고를 소개했고, 덕분에 눈알 문신의 위험성에 대한 논의가 뜨겁게 달아올랐다. 이 여성은 혐오스러운 자신의 사진을 용기있게 공개하였지만, 댓글은 그리 우호적이지 않다.

Words & Phrases

- □ **tattoo** 문신, 문신하다
- □ **eye ball** 눈알
- □ **warning** 경고 *warn 경고하다
- □ **common sense** 상식
- □ **inject** 주입하다, 주사하다 *injection 주사, 주입
- □ **negative** 부정적인 *opp.* positive 긍정적인
- □ **side effect** 부작용

- □ **needle** 바늘, 주사바늘
- □ **stick** 찌르다, 찔러 넣다(into), 끈끈하게 붙다
- □ **cornea** 각막
- □ **transplant** 이식, 이식하다
- □ **rethink** 다시 생각하다, 재고하다
- □ **consequence** 결과
- □ **insane** 미친, 정신 나간 *opp.* sane 제 정신의

1. How could she possibly tattoo eye balls?

2. She doesn't have to give any warning. Anybody with common sense already knows that.

3. Let 'the artist' inject purple ink directly into your eye ball and didn't expect its negative side effects? What are you, a moron?

4. Tattooing eyeballs? Meaning stick a needle into your eye? Really?

5. Could anyone be more stupid than this lady?

6. Stop bullying her! If it were not for this stupid lady's stupid story, so many young idiots would do the same.

7. Usually I don't feel sorry for dumbasses but good luck with the cornea transplants.

8. Actually I want to say thanks to her. I was going to get my eyes tattooed, but her story has made me rethink that. It was very brave for her to post her real pictures on the blog.

9. So what she is trying to tell us is… doing stupid things has consequences. Didn't we already know that?

10. Didn't it occur to her that tattooing an eyeball was a little bit, I don't know, insane?

1

How could she possibly tattoo eye balls?
눈알에 문신하는 게 어떻게 가능한지?

⊙ 눈 관련 표현

eye ball 눈알   **cornea** 각막   **pupil** 동공   **iris** 홍채   **lens** 수정체
ophthalmologist 안과의사 (=eye doctor)   **ophthalmology** 안과
eyedrop 안약   **eye patch** 안대

2

She doesn't have to give any warning. Anybody with common sense already knows that.
그녀가 경고를 할 필요는 없다고 생각한다. 상식을 가진 사람이라면 누구나 이를 이미 알고 있다.

⊙ **give a warning** 경고를 하다, 경고를 주다 **get a warning** 경고를 받다
  – You got just a warning, instead of a ticket? Lucky you.
    딱지 대신 경고만 받았어? 운이 좋구나. (get a warning ticket 경고 딱지를 받다)

⊙ **사람+with+병[자녀, 지식 등]** …가진[갖춘] 사람
  – Is there anybody with knowledge of hypnotherapy?
    최면 치료의 지식을 가진 사람 있나?
  – One of my employees is a mom with three kids.
    내 직원 중 하나는 세 아이를 둔 엄마이다.
  – Anybody with diabetes must read this book.
    당뇨병이 있는 사람은 이 책을 꼭 읽어봐야 한다.

⊙ Anybody with common sense already knows that '그러면 안 된다'는 걸 상식이 있는 사람은 이미 안다는 의미이므로, ~already knows not to do that이 더 나은 표현이다.

163

3

Let 'the artist' inject purple ink directly into your eye ball and didn't expect its negative side effects? What are you, a moron?

'예술가'가 보라색 잉크를 눈알에 직접 주입하게 허용하면서 부정적인 부작용은 예상하지 못했다? 당신 뭐야, 바보야?

❂ the artist에 따옴표를 한 것은 '소위 예술가라고 자처하는 타투 기술자'들을 비웃기 위한 것이다.

- These so-called 'journalists' like writing fiction. Their articles about me are all wrong.
  소위 '언론인들'이라는 이들은 허구 이야기 쓰기를 좋아한다. 나에 대한 그들의 기사는 다 잘못되었다.

4

Tattooing eyeballs? Meaning stick a needle into your eye? Really?

눈알 문신? 눈에 주사바늘을 찔러 넣는다는 뜻? 진짜로?

❂ **stick** *stick – stuck – stuck

□ 길고 얇은 막대기

- Gather some sticks, like tree branches. We can make a fire.
  나뭇가지 같은 것들 좀 모아 와. 불을 피울 수 있게.

□ 뾰족한 것을 찔러 넣다, 끼워 넣다

- When the nurse stuck a needle in my arm, I screamed.
  간호사가 내 팔에 주사 바늘을 찔러 넣자, 나는 비명을 질렀다.

□ 내밀다, (삐죽) 튀어 나오다

- Your messy hair is sticking up in all directions.
  지저분한 머리카락이 사방으로 뻗쳐있다.

□ 끈끈하게 들러붙다, …사이에 끼다, 갇히다

- Something sticky is stuck on my teeth. I shouldn't have eaten marshmallow. 무언가 끈적거리는 게 이빨에 붙었어. 마시멜로를 괜히 먹었어.
- They got stuck in a traffic jam. 그들은 교통 체증에 끼어 꼼짝 못했다.

5

Could anyone be more stupid than this lady?

이 여자보다 더 멍청한 사람이 있을 수 있을까?

6

Stop bullying her! If it were not for this stupid lady's stupid story, so many young idiots would do the same.

그녀를 괴롭히지 마세요! 만약 이 멍청한 이 아가씨의 멍청한 이야기가 아니었다면 엄청 많은 젊은 멍텅구리들이 같은 짓을 했을 겁니다.

- ☺ if it were not for~ …가 아니었다면(가정법, 현재 사실의 반대)
  - If it were not for the lighthouse, there would be many shipwrecks.
    등대가 없다면, 선박 충돌이 많을 것이다.

7

Usually I don't feel sorry for dumbasses but good luck with the cornea transplants.

보통 나는 멍텅구리들에게 연민을 품지 않지만, 각막 이식의 행운이 있기를.

- ☺ good luck with~ …에 행운이 있기를
  - Good luck with the cornea transplants. 각막 이식이 잘 되기를.
  - Good luck with the test. 시험 잘 보기를 바래.
  - Good luck with your new job. 새 직장에서 행운이 있기를.
  - Good luck with the surgery. 수술이 잘 되기를 빌어.

8

Actually I want to say thanks to her. I was going to get my eyes tattooed, but her story has made me rethink that. It was very brave for her to post her real pictures on the blog.

사실 나는 그녀에게 감사하고 싶다. 나도 눈 문신을 할 생각이었는데 그녀의 이야기 때문에 다시 생각하게 되었다. 블로그에 실제 사진을 올린 건 아주 용감했다.

- ☺ 준사역 동사 vs. 사역동사
  준사역동사 get+과거 분사[to 부정사, 형용사]
  - I got my eyes tattooed. 눈에 문신을 했다.
  - I plan to get my hair cut. 머리카락을 자를 계획이다.
  - Can you get the job done in time?
    제 시간에 일을 끝낼 수 있어?

  사역동사 have, make+동사원형
  - Her story made me rethink it.
    그녀의 이야기는 내가 다시 생각하도록 만들었다.
  - My mom had me clean the room.
    엄마는 나에게 방청소를 하도록 시켰다.

9

So what she is trying to tell us is… doing stupid things has consequences. Didn't we already know that?

그러니까 이 여자 분이 우리에게 말하려고 하는 바는… 멍청한 짓에는 결과가 따른다, 인데. 우리는 이미 그걸 알고 있지 않나요?

☻ 주어 역할을 하는 What 절

- What she's trying to tell us is **tattooing can be dangerous**.
  그녀가 우리에게 말 하려는 바는 문신을 하는 건 위험할 수 있다.
- What Megan wrote in her diary was **very shocking**.
  메간이 일기에 쓴 것은 매우 충격적이었다.

10

Didn't it occur to her that tattooing an eyeball was a little bit, I don't know, insane?

이 분은 눈알 문신이 글쎄 좀, 뭐랄까, 미친 짓이라는 생각이 들지 않았나?

✪ 문장 중간에 쓰인 a little bit, I don't know는 '뭐랄까, 글쎄, 좀…' 등의 의미로, 말하면서 뜸 들일 때 쓰는 표현. 그래서 이 문장의 기본은 Didn't it occur to her that tattooing her eyeball was insane?이며, 한 마디로 Tattooing her eyeball was insane의 뜻이다.

☻ occur ① 어떤 일이 발생하다 ② 어떤 생각이 떠오르다 (댓글은 ② 번 의미)

- I am 100% sure this will occur **again in the near future**.
  이것이 가까운 미래에 또 발생하리라 100% 확신한다. (① 번 의미)
- It occurred to me that **Dave was the one who called me**.
  나에게 전화를 건건 다름아닌 데이브라는 생각이 떠올랐다. (② 번 의미)

✦ SNS 시대필수, 영어로 댓글 써보자!

1 So _____ this article is trying to say is that somebody learned the dangers of getting an eye tattoo by going blind.

그러니까 이 기사가 말하려는 건 누군가 장님이 되어 눈 문신의 위험을 배웠다는 것이군.

2 It suddenly _____ that eye tattooing was a stupid thing to do. 눈 문신이 가장 멍청한 짓일 수 있다는 게 갑자기 생각났다.

3 _____ her eye tattoo, she could be a normal looking, even pretty lady. 눈 문신만 아니었다면 그녀는 평범한, 아니 심지어 예쁜 여성이 될 수 있었을 것이다.

[정답] 1. what 1. occurred to me 3. If it were not for

166

Episode 027

After Being Under the Knife, They Were Unrecognizable

성형 수술 후 알아볼 수 없게 되다

도대체 무슨 내용일까

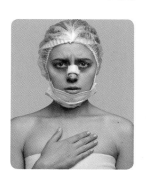

중국 여성들이 한국에서 성형 수술을 받은 후 귀국하려고 공항에 도착했을 때 알아볼 수 없을 정도로 부은 얼굴 때문에 비행기에 탑승하지 못했다는 이야기가 기사화되었다. 함께 게재된 사진에는 얼굴에 붕대를 감은 채 탱탱 부은 얼굴로 여권을 들고 자기 사진임을 호소하는 세 여성이 나와 있다. 많은 중국 여성들이 성형수술을 받기 위해 한국으로 성형 여행을 간다는 내용도 함께 소개되어 있는데, 쌍꺼풀과 코, 턱 등, 수술 후 붓기가 빠지지 않아 안타까운 정도를 넘어 우스꽝스럽기까지 한 이들 세 여성의 사진은 소셜 미디어를 통해 빠르게 확산되었다.

Words & Phrases

☐ **surgery** 외과 수술 *surgeon 외과 의사

☐ **swelling** 부기, 부어오른 곳 *swollen 부은, 부어오른

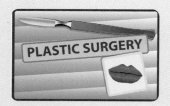

☐ **subside** 가라앉다, 진정되다 = go down

☐ **undergo** (수술) 받다 *undergo-underwent-undergone

☐ **security** 보안

☐ **scare** 겁을 주다, 무섭게 하다

☐ **transplant** (생체, 조직) 이식하다, 이식 (transplantation)

1. absolutely Lol, I mean LMAO. No, LMFAO

2. That's AFTER surgery? Seriously?

   - Haven't you seen celebrities' photos of right after surgeries? They all look like these women.
   - Some of them looked like these women even after several months.
   - and not just celebrities. There are tons of people in the US who are the same.

3. They will look normal, even possibly pretty after swelling subsides. I hope.

4. Their faces are supposed to get swollen. Just wait until the swelling goes down. Can't understand all this fuss.

5. Why didn't they lie down and take a rest? They had just undergone the surgery!

6. I am sure they looked normal before. Now they look abnormal.

7. Holy cow! I thought they were wearing Halloween masks!

8. Wonder how they looked before the surgery.
   - Not so pretty, I suppose. If so, why did they undergo the plastic surgery?

9. The airport security let them be seen in public? They might scare little kids.
   - They might? They would definitely scare both kids and adults.

10. A total waste of money. Just honor what you have, women!

11. They came to S Korea to change their looks and never knew this was coming? Maybe they need a brain transplant.

1

absolutely Lol, I mean LMAO. No, LMFAO

완전 웃김. 배꼽 빠지게, 아니, 숨넘어가게 웃김

- LOL : Laugh Out Loud
  LMAO : Laughing My Ass Off
  LMFAO : Laughing My Fucking Ass Off

2

That's AFTER surgery? Seriously?
- Haven't you seen celebrities' photos of right after surgeries? They all look like these women.
- Some of them looked like these women even after several months.
- and not just celebrities. There are tons of people in the US who are the same.

저게 수술 후라고? 진짜로?
- 유명인들 수술 직후 사진 못 봤나? 다들 저 여자들하고 똑같은데.
- 그 중 일부는 심지어 수술 후 몇 달이 지났는데도 이 여자들처럼 보인다.
- 그리고 유명인만 그런 게 아니다. 이와 똑같은 사람들이 미국에 엄청나게 많다.

- ~ the same 똑같은
  - There are people in the US who look the same. 미국에 똑같은 사람들이 있다.
  - The twins look the same but actually they look slightly different.
    쌍둥이는 똑같아 보이지만 사실 약간 다르다.
  - You criticized him a minute ago, and now you do the same?
    너는 방금 전에 그를 비난해놓고 지금 똑같은 짓을 하고 있는 거야?

대댓글의 'There are tons of people in the US who are the same as them은 '미국에 그들(수술 후 얼굴이 부은 사람들)과 똑같은 사람들이 많다'는 의미이다.

They will look normal, even possibly pretty after swelling subsides. I hope.

이들이 정상이 되기를, 더 나아가 부기가 가라앉은 후 가능하면 예뻐질 것이다. 그렇게 되기를.

♻ I hope. 앞의 문장을 끝낸 후 추가로 이 표현을 덧붙이는 경우, 앞서 말한 내용에 확신
이 없을 때, 확신은 못하지만 그렇게 되기를 희망한다, 그렇게 되면 좋겠다는 어감이다.

- Everything is completely destroyed. No one can help us, right now. But
we can rebuild the town with our bare hands. I hope.

  모든 것이 완전히 파괴되었습니다. 현재 아무도 우리를 도와주지 못합니다. 하지만 우리는 맨손으로 도시를
  재건할 수 있습니다. 아마도.

④

Their faces are supposed to get swollen. Just wait until the swelling goes down. Can't understand all this fuss.

이들의 얼굴은 원래 붓는 게 맞다. 붓기가 가라앉을 때까지 기다리면 된다. 왜 난리인지 모르겠다.

♻ get swollen (become swollen) 붓다, 부어오르다 *swell-swelled-swollen
swelling from the surgery 수술로 인한 붓기
swollen throat 부은 목   swollen ankle 부은 발목   swollen gum 부은 잇몸

- Their faces are supposed to get swollen. 원래 얼굴이 부어오르는 게 맞다.
  = It's not surprising (It is so natural) that their faces became swollen.

⑤

Why didn't they lie down and take a rest? They had just undergone the surgery!

왜 이들은 누워서 쉬지 않는 것인가! 방금 수술을 받지 않았나!

♻ undergo the surgery 수술을 받다 *undergo-underwent-undergone
undergo 자체가 수동의 의미 (수술을 받다)가 있으므로 수동태로 쓰지 않는 점 유의.

- I underwent plastic surgery several times. (○) 성형 수술을 여러 번 받았다.
  I was undergone plastic surgery several times. (×)

⑥

I am sure they looked normal before.
Now they look abnormal.

이들이 전에는 평범했으리라 확신한다. 지금은 평범하지 않게 보인다.

7

Holy cow! I thought they were wearing Halloween masks!
이런 세상에! 나는 할로윈 가면이라도 쓰고 있는 줄 알았네!

⊙ 신체에 쓰거나 두르거나 입을 때 동사 wear

wear **a bandage** 붕대를 감다　　　wear **glasses** 안경을 쓰다
wear **an eye patch** 안대를 차다　　　wear **a tie** 넥타이를 매다
wear **a bracelet** 팔찌를 차다　　　wear **a ring** 반지를 끼다

8

Wonder how they looked before the surgery.
- Not so pretty, I suppose. If so, why did they undergo the plastic surgery?
수술 전에는 어떻게 생겼는지 궁금하다.
　– 아마 예쁘지 않았을 겁니다. 예뻤다면 왜 성형 수술을 받았겠어요?

⊙ **I suppose = I guess** 추측[예상]하다
이 표현은 문장을 시작할 때 쓸 수도 있고, 문장 끝에 붙이기도 한다.

A: Do you know how much they earn?
　그들이 얼마나 버는지 아니?

B: Not much, I guess. Why do you ask? 많지 않을 걸. 그걸 왜 묻는데?

⊙ **plastic surgery = cosmetic surgery** 성형 수술
이 외에 ~job이라는 표현도 자주 쓴다. 코 수술은 nose job 또는 rhinoplasty, 가슴 성형 수술은 boob job 또는 breast augmentation, 입술을 부풀리는 수술은 lip job 또는 lip enhancements, lip augmentation이라고 한다.

　– I have saved money for months in order to get a nose job.
　　코 성형 수술을 받기 위해 몇 달 간 돈을 모으고 있다.

9

The airport security let them be seen in public? They might scare little kids.
- They might? They would definitely scare both kids and adults.
공항 보안원은 이들이 공공연히 눈에 뜨이게 놔뒀단 말인가? 어린 아이들을 겁먹게 했을지도 모른다.
　– 했을지도 모른다니? 어린이와 어른 모두에게 겁을 주었을 게 확실하다.

⊙ **scare** 겁을 주다, 겁을 먹게 하다
인칭 주어가 겁을 먹을 때는 be scared, 비인칭 주어가 누군가를 겁을 먹게 할 때는 scare

　– I am scared of **your dog**. 나는 너의 개가 무섭다.
　– This horror movie scares **everybody**. 이 공포 영화가 모두를 겁먹게 만든다.

10

A total waste of money. Just honor what you have, women!
완전 돈 낭비. 여성들이여, 자신이 가진 것을 존중하시오!

- ○ a waste of **money** 돈 낭비   a waste of **time** 시간 낭비
  a waste of **energy** 에너지 낭비   a waste of **space** 공간 낭비
  - Why are you trying to change his mind? It's a waste of breath.
    왜 그의 마음을 바꾸려고 애쓰는 건데? 헛수고야.
  - All that work for nothing! What a waste of time!
    모든 게 헛일이라고? 이런 시간 낭비가 다 있내!

11

They came to S Korea to change their looks and never knew this was coming? Maybe they need a brain transplant.
이들이 외모를 바꾸려고 한국에 왔는데 이러리라 전혀 몰랐다고? 아마도 뇌 이식이 필요한 것 같다.

- ○ **never knew this was coming** 이런 일이 오리라고 전혀 알지 못하다
  비슷한 표현으로 never see it coming, didn't see it coming 그런 일이 생길 줄 모르다, 예상하지 못하다
  - I thought I had prepared everything perfectly. I really didn't see it coming.
    모든 것을 완벽하게 준비했다고 생각했다. 이런 일이 생길 줄 정말 몰랐다.

- ○ **transplant** 이식 수술
  cornea transplant 각막 수술   **kidney** transplant 신장 이식
  liver transplant 간 이식   **hair** transplant 모발 이식
  bone marrow transplant 골수 이식

SNS 시대필수, 영어로 댓글 써보자!

1 They probably knew their faces would be _____ after their surgeries. It seems they didn't care.
그들은 수술 후 얼굴이 붓는다는 걸 알았을 것이다. 그들은 상관하지 않는 듯 보인다.

2 They don't scare me, but I _____ of the people who kept mocking them. 이들은 나를 무섭게 하지 않지만 이들을 계속 놀리는 사람들은 무섭다.

3 After my sister _____ Rhinoplasty, she scared the hell out of me. 언니가 코 수술을 받은 후 나는 언니가 무서워 죽을 뻔 했다.

[정답] **1.** swollen **2.** am scared **3.** underwent

As You Already Knew, Instant Ramen Noodles Are Unhealthy

다들 알겠지만, 즉석 식품 라면은 해롭다

도대체 무슨 내용일까

새롭게 밝혀진 사실은 아니다. 다들 이미 알고 있는 내용이지만, 영양학 관련 저명한 기관이 라면 섭취와 심장병의 관련에 관한 연구 조사를 발표하면서 라면이 기사화되었다. 이 연구는 특히 여성을 대상으로 조사를 실시했는데, 라면 섭취가 비만, 고혈압, 고혈당, 콜레스테롤 등 심장 질환과 당뇨 발병 위험을 높일 가능성이 크다고 다시 한 번 증명해주었다. 이미 다들 아는 이야기인데, 이번 기회에 즉석 식품, 특히 라면에 대해 미국인들은 어떻게 생각하는지 댓글을 통해 알아보자.

 Words & Phrases

□ **tasty** 맛있는 *delicious 맛있는

□ **sodium** 나트륨, 소금

□ **packet** 봉지, 꾸러미

□ **label** 라벨, (상품 겉면에 붙은) 표

□ **regularly** 정기적으로

□ **margarine** 마가린

□ **veggie stuff** 채소(vegetable)

□ **zillion** 억, 많은 수

□ **work out** 운동하다 (exercise)

1. How in the world is this news? This information is so 20 years ago.

2. There is over 1 gram of sodium in each ramen seasoning packet. It is not just bad food, it is poison. Read the labels, people!

3. You can eat healthy food and exercise regularly. But you will die anyway.

4. In the 80s, studies said that butter was bad and margarine was good. Maybe next year studies will say that ramen is good for your heart.

5. Got it. Eating ramen noodles is bad. Is it OK to eat meat instead? No? Oh, I forgot that you already told me eating meat would give me cancer. Then, what about carbs? No? So what should I eat? Nothing? I can't eat anything?

6. I have to eat only fresh fruits and veggie stuff, right? OK, then give me money to buy them.

7. I have seen this kind of anti-ramen campaign like a zillion times. But people including me can't stop eating them. I think these campaigns don't work.

8. These women have health problems not because they eat instant noodles but because everything they eat is unhealthy. Probably they don't work out.

9. Actually, nothing is perfectly good, if you look hard enough. So eat what you like in moderation and you will be OK.

1

How in the world is this news? This information is so 20 years ago.

어떻게 이게 뉴스인가? 이 정보는 20년 전 것이다.

⊗ **~ is so ~ ago** ···는 오래 된 것이다. 구닥다리이다

댓글의 의미는 This information is from 20 years ago의 의미이다. 이런 식의 표현은 회화에서 종종 들을 수 있는데 다양한 상황에서 쓸 수 있다.

– **That style** is so two years ago. **Nobody wears clothing like that.**
이 스타일은 2년 전 거야. 아무도 그렇게 안 입어.

2

There is over 1 gram of sodium in each ramen seasoning packet. It is not just bad food, it is poison. Read the labels, people!

양념 스프 한 봉지 안에 나트륨이 1그램 이상 들어 있다. 이건 음식이 아니라 독이다. 님들아, 라벨 좀 읽어라!

⊗ '라면 스프'는 영어로 seasoning packet(seasoning 양념 + packet 봉지, 소포). 일반적으로 seasoning packet이라고 하면 라면 스프가 떠오르지만, 'seasoning packet for+요리'와 같은 식으로 어떤 요리에 쓰이는 양념팩을 의미할 수도 있다. seasoning mix, flavor packet이라고도 한다.

– **Where can I buy** seasoning mix **for steak?**
스테이크용 양념을 어디에서 살 수 있습니까?

3

You can eat healthy food and exercise regularly. But you will die anyway.

건강에 좋은 음식을 먹고 정기적으로 운동할 수 있다. 그래도 언젠가 죽는다.

⊕ **regular** a. 정기적인, 고정적인, 규칙적인, 자주 다니는, 평범한, 일반적인
n. 단골손님, (방송 프로그램) 고정 출연자

– **The waitress says he has been** a regular **at this restaurant for 5 years.**
웨이트리스 말이 그는 이 식당에 5년간 단골손님이라고 한다.

– **Time to go to the hospital for your** regular **checkups.**
정기 검진을 위해 병원에 갈 시기이다.

– **I have** regular **bowel movements.**
정기적으로 화장실에서 볼 일을 본다. (변비가 아니다.)

4

In the 80s, studies said that butter was bad and margarine was good. Maybe next year studies will say that ramen is good for your heart.

80년대에 연구들은 버터는 나쁘고 마가린이 좋다고 했다. 어쩌면 내년 연구에서는 라면이 심장에 좋다고 할지도 모른다.

✪ 예전에는 식물성인 마가린이 동물성인 버터보다 건강에 좋다고 했는데, 나중에 결과가 뒤바뀌어 마가린보다 버터가 낫다는 연구 결과가 나왔다. 이 댓글을 쓴 사람은 이렇게 연구 결과라는 게 바뀌기 때문에 나중에는 라면이 건강에 유익하다는 말이 나올지도 모른다고 생각한 것이다.

↻ **studies said that~** 연구들이 …(that 이하)라고 했다
현재 시제, 단수 주어일 경우 says. The study says that~

The results said that~ 결과는 …라고 나왔다
The research said that~ 연구 조사에는 …라고 나왔다
The article said that~ 기사에는 …라고 나왔다

EVERYBODY LOVES RAMEN!

– The test results say that **your cholesterol number is 196.**
검사 결과에는 당신의 콜레스테롤 수치가 196으로 나옵니다.

5

Got it. Eating ramen noodles is bad. Is it OK to eat meat instead? No? Oh, I forgot that you already told me eating meat would give me cancer. Then, what about carbs? No? So what should I eat? Nothing? I can't eat anything?

알겠어요. 라면 섭취는 안 좋군요. 대신 고기를 먹는 건 괜찮나요? 안 된다고요? 아, 고기를 섭취하면 암에 걸릴 수 있다고 이미 말했다는 걸 잊었습니다. 그럼 탄수화물은 어때요? 안 된다고요? 그럼 뭘 먹어야 하지요? 없어요? 먹을 수 있는 게 없다고요?

✪ **Got it = I got it = I understand** 알겠습니다. 이해했습니다
의문문 'Get it?' 또는 과거시제로 'Got it?'으로 쓸 수도 있다. 뜻은 '너 알아들었어? 이해했어?'의 의미이다. 부정문으로 You don't get it!이라고 하면 You don't understand 의 뜻이 된다.

– Now I get it. **You mean I can use this coupon only on Wednesdays, right?** 이제야 알겠습니다. 이 쿠폰은 수요일에만 쓸 수 있다는 거잖아요, 그렇지요?

↻ **~ would give me cancer** …로 암에 걸릴 수 있다

– Smoking can give me lung cancer, **I get it. Then how about drinking? Can drinking also** give me cancer, **like stomach cancer?**
흡연이 폐암에 걸리게 한다는 거 알겠어요. 그럼 음주는요? 음주도 위암 같은 암에 걸리게 하나요?

6

I have to eat only fresh fruits and veggie stuff, right? OK, then give me money to buy them.

신선한 과일과 채소 종류만 먹어야 한다는 거 맞지요? 좋아요, 그럼 그거 사먹게 돈을 주세요.

- ☺ **veggie stuff** 채소(vegetables)

  veggie pizza, veggie burger, veggie side dish, veggie sandwich 등 육류 없이 채소로만 만든 음식은 veggie 단어를 넣어 표현한다.

  채식주의자 vegetarian, 유제품은 물론이고 벌꿀이나 마시멜로도 먹지 않는 매우 철저한 채식주의자를 뜻하는 vegan도 vegetable에서 나온 표현이다.

  A: I am a wannabe vegetarian. 나는 채식주의자 지망생이야.

  B: Good. Um… what is a wannabe vegetarian? 멋진데. 어, 채식주의자 지망생이 뭐지?

  A: I eat only veggie stuff, except for ham and salmon. And meat sometimes. 나는 채소만 먹어. 햄하고 연어는 제외지만, 가끔 고기도 먹고.

  B: So, you are not a vegetarian. 그럼 그냥 채식주의자가 아닌 거네.

7

I have seen this kind of anti-ramen campaign like a zillion times. But people including me can't stop eating them. I think these campaigns don't work.

이런 식의 즉석 라면에 반대하는 캠페인을 전에 수 억 번은 보았을 것이다. 하지만 나를 포함해서 사람들은 라면 먹기를 멈추지 않는다. 캠페인이 효과가 없는 것 같다.

- ☺ **like a zillion times** (과장법) 수 억 번
  - I have lived here for ages. 나는 수 세기 동안 (오랫동안) 이곳에서 살고 있다.
  - After what seemed like aeons, the school day was finally over.
    영겁처럼 느껴진 (오랜) 시간이 흐른 후, 마침내 학교가 끝났다.
  - I am a regular here. I have been here like a zillion times.
    나는 여기 단골이다. 이곳에 수 억 번은 (많이) 와 보았다.

- ☺ **can't stop+ ~ing** …하는 걸 멈출 수 없다 = have no choice but to keep+ ~ing
  - I can't stop playing games. 게임하는 걸 멈출 수가 없다.
    = I have no choice but to keep playing games.

8

These women have health problems not because they eat instant noodles but because everything they eat is unhealthy. Probably they don't work out.

저 여성들은 즉석 라면을 먹어서가 아니라 그들이 먹는 모든 음식이 건강에 좋지 않아서 건강 문제를 갖고 있는 것이다. 아마 그들은 운동도 하지 않을 것이다.

○ everything + 단수 동사
 - Everything they eat is unhealthy. 그들이 먹는 모든 것은 건강에 해롭다.
 - Everything happens for a reason.
   모든 일은 다 이유가 있어서 발생한다. (모든 일에는 다 이유가 있다)
 - Everything you said to me was a lie. 네가 나에게 한 말 전부 다 거짓말이었다.

9

Actually, nothing is perfectly good, if you look hard enough. So eat what you like in moderation and you will be OK.

사실 잘 들여다보면 완벽하게 좋은 건 없다. 좋아하는 걸 적당히 먹으면 괜찮을 것이다.

○ look hard 열심히, 힘껏, 철저하게(hard) + 들여다보다, 살펴보다(look)
 think hard 열심히 생각하다   **study hard** 열심히 공부하다
 work hard 열심히 일하다   **train hard** 열심히 훈련하다
 - Think hard. You will come up with an answer. 열심히 생각해봐. 답을 알 수 있을 거야.
 - Didn't get promoted? Maybe you don't work hard enough. Work harder.
   승진을 못 했다고? 열심히 일하지 않았나보네. 더 열심히 일해 봐.

○ eat ~ in moderation …를 적당히[과하지 않게] 먹다

Everything in moderation 과유불급
Drink in moderation. 술을 적당히 마시다. 과음하지 않다.

○ SNS 시대필수, 영어로 댓글 써보자!

1 The _____ are loaded with salt. Everybody knows that.
라면 스프에 소금이 엄청 들어 있어요. 모르는 사람이 없지요.

2 I have enjoyed ramen for _____ years, and I am still OK.
나는 오랫동안 라면을 먹어왔는데 아직까지 괜찮다.

[정답] **1.** flavor packets **2.** a zillion

Episode **029**

Young Parkistani Bride Accidentally Killed 17 Family Members

파키스탄의 젊은 신부, 실수로 17명의 가족을 살해하다

도대체 무슨 내용일까

21세의 여성이 남편을 죽이기 위해 요거트에 독극물을 탔다가 시댁 식구 17명이 이를 먹고 사망하는 사건이 발생했다. 여성은 부모님에게 강력하게 결혼을 거부했고, 강제로 결혼을 시키면 이혼을 하겠다고도 했지만, 강제 결혼을 하게 되었다. 여성은 마침내 결혼 전부터 몰래 사귀던 남자 친구의 도움으로 요거트에 독극물을 타서 남편에게 주었다. 그런데 남편은 이를 먹지 않았고 시어머니가 이를 27명의 식구들에게 나누어 주는 바람에 이 중 17명이 사망한 것. 이슬람 문화권에서는 강제 결혼이 아직도 만연하고 있는데, 이에 대한 시각을 알아보자.

Words & Phrases

- **honeymoon** 신혼
- **heart-warming** 마음이 따뜻해지는
- **goat** 염소
- **against one's will** …의 의사에 반해, …의 반대에도
- **refuse** 거절하다, 거부하다
- **divorce** 이혼하다, 이혼 *get a divorce 이혼하다

- **convert** 종교를 개종하다
- **random** 무작위로
- **leading to** (…의 결과)로 이어진, 결국 …가 된
- **horrific** 끔찍한
- **massacre** 대량학살
- **solution** 해결책 *solve 해결하다

1. Their honeymoon was over way faster than mine.

2. The most heart-warming Islamic love story ever.
   - What's wrong with you? 17 people died!

3. Listen up, men! Do not, never, ever marry a woman who doesn't want to marry you.
   - no matter how many goats her parents would give you.

4. Forced their daughter to marry against her will?
   - and refused to allow her to get a divorce and return home? W.O.W.

5. Totally OMG case, but she had no other way, I think.
   - Of course she had many other ways. She could have only killed her husband with a gun or knife… or with bare hands.
   - or just run away with her boy friend.
   - or convert from Islam to Christianity.

6. I'm not surprised. Her parents are muslims. What do you expect?
   - Don't be judgy. Islam is a religion of peace. It only allows parents to force their daughters to marry random guys leading to this kind of horrific massacre. What's wrong with that?
   - Yeah, it's just a religion of death. Nothing's wrong with that.

7. So… 17 fewer terrorists. That's not bad.
   - Let's force this young woman to marry another ugly old man. She may be the solution of Islamic terrorism.
   - for crying out loud… people died and you say what?
   - these guys are much dumber than the dumb Islamic tradition

1

Their honeymoon was over way faster than mine.

이들의 신혼은 내 신혼보다 훨씬 빨리 끝났구나.

- ⊙ **be over** …는 끝났다
    - The honeymoon is over. 신혼은 끝났다. 좋은 시절은 끝났다.
    - The party is over. Now it's time to clean up.
      파티는 끝났다. 이제 청소할 시간이다.

2

The most heart-warming Islamic love story ever.
   - What's wrong with you? 17 people died!

가장 마음이 따뜻해지는 이슬람의 사랑 이야기이다.   – 당신 왜 그래? 17명이 죽었다고!

- ✪ 9.11 테러와 ISIS 등의 영향으로 미국 등 서방에서 이슬람을 극도로 싫어하는 사람들이 많아져 Islamophobia(이슬람 혐오증)이라는 단어까지 생겼다. 댓글을 쓴 사람 역시 이슬람 종교와 문화에 대해 매우 부정적이다. 그래서 17명이나 사망하는 비극적인 사건을 'the most heart-warming love story ever'라며 빈정거렸고, 아무리 이슬람이 싫어도 그런 표현은 도가 지나치다는 대댓글이 달렸다.

- ⊙ **What's wrong with you? = What is the matter with you?**
  무례하거나, 정상적이지 않은 말이나 행동을 한 사람에게 하는 표현

3

Listen up, men! Do not, never, ever marry a woman who doesn't want to marry you.
   - no matter how many goats her parents would give you.

남자들, 잘 들으시오. 절대, 무슨 일이 있어도 절대 당신과 결혼하기 싫다는 여자와 결혼하지 마시오.
   – 여자의 부모가 아무리 많은 염소를 주겠다 할지라도.

- ✪ 이슬람 뿐 아니라 많은 문화권에서 결혼 지참금 관습이 있다. 이슬람의 경우, 신랑 혹은 신랑의 아버지가 신부에게 결혼 지참금을 제안하며 청혼한다. 일반적으로 이 지참금은 현금이 오가는데, 아마도 이 댓글을 쓴 사람은 말리아 오바마 청혼 사건 때문에 염소를 거론한 게 아닌가 싶다. 케냐의 한 남성이 버락 오바마 전 대통령의 재임 시절, 큰 딸 말리아 오바마에게 양 70마리, 소 50마리, 염소 30마리를 주겠다며 공개적으로 청혼한 적이 있다. 말리아 청혼 사건 때문인지는 확실하지 않지만, 이 댓글을 쓴 사람은 아마도 이슬람 문화를 다소 무시하여 동물이 지참금으로 오가는 원시적인 결혼 문화로 오해해 이런 댓글을 단 것 같다.

4

Forced their daughter to marry against her will?
 - and refused to allow her to get a divorce and return
   home? W.O.W.

싫다는데 딸을 억지로 결혼시켜?
  ㅡ 그리고 딸이 이혼하고 집에 돌아오는 걸 허락하길 거부했다고? 아우, 진짜.

🔵 refuse, allow, force+to 부정사
  to 부정사가 오는 세 단어가 한꺼번에 쓰인 문장이다.
    ㅡ Her parents forced their daughter to marry and refused to allow her to
      get a divorce. 그녀의 부모님은 딸이 결혼하도록 강요하고, 이혼을 허락하기를 거부했다.

5

Totally OMG case, but she had no other way, I think.
 - Of course she had many other ways. She could have only
   killed her husband with a gun or knife... or with bare hands.
 - or just run away with her boy friend.
 - or convert from Islam to Christianity.

놀라 자빠질 사건이지만, 그녀에게 다른 방법이 없었나 보다.
  ㅡ 당연히 다른 길이 있었습니다. 총이나 칼, 또는 맨손으로 남편만 죽일 수도 있었습니다.
  ㅡ 아니면 남자 친구와 도망갈 수도 있었고
  ㅡ 아니면 이슬람에서 기독교로 개종할 수도 있었고요.

✪ have no other way 다른 길[도리, 방법]이 없다
  = That's the only way left 남은 방법이 하나뿐이다
  = That's the only option 선택은 하나뿐이다

  댓글의 의미는 She had no other way to end the marriage(결혼을 끝낼 다른 방법이
  없었다)의 뜻이다.
    ㅡ Looks like that's the only option. We have no other way.
      선택은 하나 뿐인 것 같군. 우리에게는 다른 길이 없어.

🔵 bare 벌거벗은, 아무것도 끼거나 입지 않은
  bare hands 맨 손으로   barefoot 맨발로 (양말, 신발을 신지 않고)
  bare eyes 맨 눈으로 (= naked eyes 안경이나 망원경 등의 도움 없이)
    ㅡ Walking barefoot in the grass is good for your health.
      풀밭을 맨발로 걷는 건 건강에 좋다.

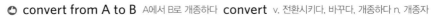

🔵 convert from A to B A에서 B로 개종하다 convert v. 전환시키다, 바꾸다, 개종하다 n. 개종자
    ㅡ He is a convert to Christianity. He used to be a Muslim.
      그는 기독교 개종자이다. 전에는 무슬림이었다.

6

Muslims... I'm not surprised. What do you expect?
- Don't be judgy. Islam is a religion of peace. It only allows parents to force their daughters to marry random guys leading to this kind of horrific massacre. What's wrong with that?
- Yeah, it's just a religion of death. Nothing's wrong with it.

무슬림이니… 나는 놀라지 않았다. 뭘 기대하겠나?
- 비판적이지 마세요. 이슬람은 평화의 종교에요. 그저 부모가 딸을 아무 남자랑 억지로 결혼시켜서 이런 종류의 참혹한 대량 살상이 일어나게 할 뿐이에요. 그게 뭐 잘못이에요?
- 맞아요. 죽음의 종교일 뿐이에요. 잘못된 건 없어요.

❂ 종교 – 종교인 (첫 글자는 대문자로 쓴다)

Islam 이슬람 - Muslim 이슬람교도   Hinduism 힌두교 - Hindu 힌두교도
Christianity 기독교 - Christian 기독교인   Buddhism 불교 - Buddhist 불교도

❂ **leading to** …로 이어지는, 결국 …가 되는

댓글은 leading to가 쓰였는데, …forced their daughters to marry random guys, which leads to this kind of horrific massacre로 바꿔 쓸 수 있다.

- There were several incidents leading to the civil war.
  몇몇 사건이 있었고, 결국 내전으로 이어졌다.

❂ **Nothing's wrong** 잘못된 건 없다

There is nothing wrong with it으로 쓸 수도 있다. 반대로 무언가 잘못되었을 때에는, Something's wrong(무언가 잘못되었다). 혹은 There's something wrong with it이라 한다.

- I think something's wrong with me. I feel all itchy and nauseated.
  내가 어딘가 잘못된 거 같아. 온 몸이 가렵고 구역질이 나.

- There is nothing wrong with this paper. I checked it twice.
  이 보고서에 잘못된 건 없어. 내가 두 번 확인했어.

7

So... 17 fewer terrorists. That's not bad.
- Let's force this young woman to marry another ugly old man. She may be the solution of Islamic terrorism.
- for crying out loud... people died and you say what?
- these morons are much dumber than the dumb Islamic tradition

그러니까… 테러리스트 17명이 줄어 든 거네. 나쁘지 않은데.
– 이 젊은 아가씨를 또 다른 못생긴 늙은 남자와 강제로 결혼시킵시다. 그녀가 이슬람 테러의 해결책이 될지도 몰라요.
– 세상에, 사람들이 죽었는데 뭐라고 지껄이는 거야?
– 여기 멍청이들은 멍청한 이슬람 전통보다 훨씬 더 멍청하네.

⊙ You say what? = What did you just say? 당신 뭐라고 말 한 거야?
이 표현은 실제 상대의 말을 알아듣지 못했을 때, 알아들었지만 내용이 어이없거나 믿을 수 없을 때, 또는 상대의 말이 부적절하다는 점을 지적하려는 비난의 어감으로도 쓸 수도 있다. 'Say what? 뭐라고?'로 쓰기도 한다.

A: Look at that shirt! So, you guys are one of those matchy-matchy couples. 저 셔츠 좀 봐! 그럼 너희도 옷을 맞춰 입는 커플 중 하나인거네.
B: Say what? 뭐라고?
A: You and Grace are wearing the same T-shirts. I thought you two started dating again. 너랑 그레이스, 같은 티셔츠를 입었잖아. 나는 너희 둘이 다시 사귀는 줄 알았는데.
B: No, I just borrowed this from my roomie. 아니야. 이건 룸메이트한테 빌린 거라고.

⊙ 묵음 b

dumb 귀가 들리지 않는, 멍청한   thumb 엄지 손가락   doubt 의심하다   bomb 폭탄
climb 올라가다   lamb 어린 양   tomb 무덤   womb 자궁   debt 빚

≪ SNS 시대필수, 영어로 댓글 써보자!

1 A father forced his daughter to get married, and she tried to kill her husband. _____ with those family.
아버지는 딸을 강제로 결혼시키고 딸은 남편을 죽이려 하고. 이 가족은 심각한 문제가 있다.

2 Forced marriage _____ massacre. What is the world coming to?
강제 결혼이 결국 대량 살상으로 이어지다니. 세상이 어떻게 되고 있는 건지.

[정답] **1.** Something's wrong **2.** led to

Episode **030**

British Woman Faces Death Penalty for Bringing Painkillers to Egypt

영국 여성, 이집트에 진통제를 가져갔다가 사형에 직면하다

도대체 무슨 내용일까

• • •

영국에서는 처방을 받으면 살 수 있는 진통제인 Tramadol이 많은 아랍 국가들에서는 금지된 약물이다. 헤로인 대용으로 쓰일 수 있는 마약으로 분류되기 때문이다. 이집트인 남편을 둔 한 영국 여성이 남편을 만나러 이집트 행 비행기를 타며 이 진통제를 챙겼다가 그만 이집트 당국에 체포되어 한 달 째 수감 중이라는 기사가 떴다. 이집트에서는 이 약물을 소지하다 적발되면 25년 형에서 최고 사형까지 처벌될 수 있다고 한다. 여성의 가족들은 감옥 생활을 견디지 못해 극심한 신경쇠약과 우울증 증상을 보이는 여성이 자살을 할까봐 걱정하고 있다는데…

 Words & Phrases

☐ **detailed** 상세한, 설명이 자세한

☐ **mention** 언급하다 *be mentioned 언급되다

☐ **deliberately** 일부러, 고의로

☐ **ignorant** 모르는, 무식한

☐ **state guest** 국빈

☐ **tiny** 작은, 좁은

☐ **cell** 세포, 좁은 감방

☐ **civilized** 문명화된

☐ **ban** 금지하다 *banned 금지된

☐ **move** 움직이다, 이사하다, 움직임, 행동

☐ **get involved with** …와 엮이다, 관련되다

☐ **otherwise** 반대로, 그와는 다르게

☐ **harsh** 가혹한

☐ **beside** 게다가

185

1. This article is pretty long and detailed but her Egyptian husband isn't mentioned. Where is he?
   - Probably he knew all this would happen and deliberately asked her to bring some to Egypt. You know, husbands do that.

2. She brought her hubby pills that he couldn't get in Egypt, meaning she knew those pills were illegal in this country but intentionally brought the pills in.
   - So, she wasn't just an ignorant stupid tourist, but a criminal. Why all this fuss?

3. In countries like Egypt, prisons treat foreigners like animals, especially women. Just don't go there.
   - like US prisons treat them like state guests
   - Living in a tiny cell with a hole in the floor for a toilet doesn't sound that bad. At least she can pee like a civilized adult.

4. Bringing banned pills into an Islamic country for her muslim husband? Very dumb move.

5. Get involved with a Muslim, and this kind of thing happens.
   - Yet another Islamophobe. Not all muslims are terrorists. Jeez.
   - Are you sure? Lots of news told me otherwise.

6. The death penalty for a foreigner who has illegal drugs? Too harsh…
   - totally too harsh. Besides, don't we all possess illegal drugs?
   - We do?

1

This article is pretty long and detailed but her Egyptian husband isn't mentioned. Where is he?
- Probably he knew all this would happen and deliberately asked her to bring some to Egypt. You know, husbands do that.

이 기사는 꽤 길고 상세한데 이집트인 남편은 언급되어있지 않다. 그는 어디에 있나?
- 아마 이런 일이 생길 걸 알고 일부러 그녀에게 이집트로 (약을) 좀 가져오라고 시켰겠지요. 알다시피 남편들은 다 그렇잖아요.

✪ pretty ① a. 예쁜 ② ad. 매우, 꽤, 몹시

댓글에서는 (② 번) '매우, 꽤'의 의미로 쓰였다. pretty long 꽤 긴, pretty detailed 꽤 상세한

- Her pretty daughter looks like Cinderella but acts like Cinderella's stepmother. 그녀의 예쁜 딸은 외모는 신데렐라 같지만 행실은 신데렐라의 새엄마 같다. (① 번 의미)
- This picture is pretty good. Actually it's very good.
  이 그림은 꽤 괜찮다. 사실 아주 훌륭하다. (② 번 의미)

2

She brought her hubby pills that he couldn't get in Egypt, meaning she knew those pills were illegal in this country but intentionally brought the pills in.
- So, she was not just an ignorant stupid tourist, but a criminal. Why all this fuss?

그녀가 남편의 약을 가져온 건 남편이 (그 약을 갖고) 이집트에 들어갈 수 없기 때문인데, 이 말은 그녀가 이 나라에서 그 알약이 불법인 걸 알면서도 일부러 약을 들여왔다는 뜻이다.
- 그럼 그녀는 무지하고 멍청한 여행객이 아니라 범죄자네. 그런데 웬 난리?

✪ meaning = , which means 앞 문장의 의미는 …이다

- He got a perfect score, meaning he did way better than I did.
  그는 만점을 받았으니까, 이 말은 그가 나보다 훨씬 잘 했다는 뜻이다.

✪ 동사 생략 Why + ~?

- Why all the fuss? 웬 난리야?. 왜 난리를 피우는가?
- Why the long face? 왜 우거지상이야?
- Why the sudden change? 웬 갑작스런 변화지?
- Why me? 왜 나야?

3

In countries like Egypt, prisons treat foreigners like animals, especially women. Just don't go there.
- like US prisons treat them like state guests
- Living in a tiny cell with a hole in the floor for a toilet doesn't sound that bad. At least she can pee like a civilized adult.

이집트 같은 나라에서 감옥은 외국인, 특히 여자들을 동물처럼 취급한다. 가지 않도록 하라.
- 미국 감옥이 외국인을 국빈처럼 취급하듯 말이지
- 화장실로 쓰도록 바닥에 구멍이 나 있는 작은 방에서 산다는 게 그렇게 끔찍하게 들리지 않아요. 최소한 문명화된 성인처럼 오줌을 쌀 수 있잖아요.

🔾 like~ 마치 …인 것처럼

like US prisons treat them like state guests에서 them은 foreigners, state guests는 국빈. 미국 감옥이 라고 외국인을 국빈 대접하지 않는다, 즉 감옥 상황은 다 비슷하고 미국도 크게 다르지 않다며 비꼬는 표현

🔾 ~ doesn't sound bad …가 나쁘게 들리지 않는다
- Living with two roomies in a big house doesn't sound so bad.
  큰 집에서 두 명의 룸메이트와 사는 건 그리 나쁘게 들리지 않는다.

4

Bringing banned pills into an Islamic country for her muslim husband? Very dumb move.

무슬림 남편을 위해 이슬람 국가에 금지된 약물을 가져간다? 멍청한 짓이군.

🔾 move 움직임, 행동
- You go wherever she goes? That's not a smart move. What you are doing is stalking, not wooing.
  그녀가 어디에 가든 너도 간다고? 그건 현명한 행동이 아니야. 네가 하는 짓은 구애가 아니라 스토킹이라고.

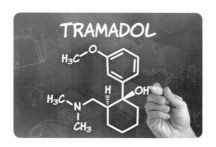

5

Get involved with a Muslim, and this kind of thing happens.
  - Yet another Islamophobe. Not all muslims are terrorists. Jeez.
  - Are you sure? Lots of news told me otherwise.

무슬림과 엮이면 이런 일이 벌어지는 것이다.
  - 또 다른 이슬람 공포증 환자 나셨네. 모든 무슬림들이 테러리스트는 아니에요, 거 참.
  - 확실합니까? 수많은 뉴스에서는 그렇게 안 나오던데.

○ **not all** 부분 부정, 모두가 다 그런 건 아니다(not every)
  - All that glitters is not gold. 반짝이는 것이 전부 금은 아니다.
  - Not all roads lead to heaven. 모든 길이 다 천국 가는 길은 아니다.
  - Not everyone likes you. 모든 사람이 다 너를 좋아하는 건 아니다.
  - Not everything has to be perfect. 모든 것이 다 완벽해야 하는 건 아니다.

○ **jeez** (혼잣말 감탄사) 나 원 참. 이런.
  Jesus를 일종의 욕으로 사용하는 경우가 있는데, Jesus라는 표현을 그대로 쓰지 않고 jeez로 바꾸어 부정적인 상황에서 감탄사처럼 사용한다. hell 대신 heck, shit 대신 shoot을 사용하는 것과 같은 식이다. 'Oh, shit!' 보다는 'Oh, shoot!'의 어감이 덜 하게 느껴지기 때문이다.
  Gee 라는 표현도 Jesus에서 나온 표현인데, Gee는 부정적이지 않은 상황에서도 쓰인다.

  - Gee, you look gorgeous! 우와, 너 멋지다! (긍정적)
  - Gee, you are acting like my mother. 아 진짜, 너 꼭 우리 엄마처럼 행동해. (부정적)
  - Jeez, what happened to your face? Did you get in a fight?
    세상에, 얼굴이 왜 그래? 싸웠니?
  - No, I just put on bluish eye shadow, jeez. 아니, 파란 아이섀도를 발랐을 뿐이야. 참 나.

○ **The news told me otherwise.** 뉴스는 나에게 그와 반대로 말했다.
  = **The news told me differently.** 뉴스는 다르게 말했다. 즉, 뉴스에는 그렇게 나오지 않았다.
  - You said you didn't do anything, but the cctv tells me otherwise.
    너는 아무 짓도 하지 않았다고 하지만, cctv에는 그렇게 나오지 않았다.

이슬람 과격 단체들의 테러가 빈번하다보니, 이런 뉴스에 자주 접하는 미국인들 중에는 이슬람교도들이나, 심지어 이슬람교가 아니어도 아랍인처럼 생기기만 해도 테러리스트 취급을 하는 경우가 있다. 이 댓글을 단 사람도 그런 경우인 듯 싶다.

6

The death penalty for a foreigner who has illegal drugs? Too harsh...
- totally too harsh. Besides, don't we all possess illegal drugs?
- We do?

금지된 약물을 소지했다고 외국인에게 사형이라니, 너무 심하다…
– 당연히 너무 심하지요, 게다가 우린 다들 금지된 약물을 소유하고 있지 않아요?
– 우리가 그런가요?

◔ **totally** 전적으로, 대단히

강조할 때 쓸 수 있는데, definitely, absolutely 등도 비슷한 상황에서 쓸 수 있는 표현이다.

– Is it too harsh? - Totally. It's definitely too harsh. 이게 너무 심한가? – 당연하지, 완전 너무 심해.

◔ **We do? = We all possess illegal drugs?**

의문문에 대한 답을 할 때, 앞선 의문문의 동사에 따라 답문의 동사도 달라진다.

– He is well aware of the fact. - He is?
   그는 그 사실을 잘 알고 있다. – 그가 알고 있나요?

– Garry has done this before millions of times. - He has?
   게리는 전에 수 백 만 번은 이것을 해 보았을 것이다. – 그가 해보았나요?

◆ **SNS 시대필수, 영어로 댓글 써보자!**

1 I will _____ travel to any Islamic country. You can't talk sense to Muslims.

나는 무슨 일이 있어도 절대 이슬람 국가에는 여행하지 않을 것이다. 무슬림들은 말이 안 통한다.

2 Being locked up in a cell because of her illegal activity doesn't _____ so unfair.

그녀의 불법 행위 때문에 감방에 갇힌 게 그렇게 부당하게 들리지 않는다.

3 Her situation looks _____ bad, but she deserves what she gets.

그녀의 상황이 꽤 나빠 보이지만, 뿌린 대로 거두는 법.

4 _____, what kind of husband made his wife bring illegal drugs in Egypt for him? 세상에, 무슨 남편이 자기를 위해 아내더러 불법 약물을 이집트에 들여오게 해?

[정답] **1.** never ever **2.** sound **3.** pretty **4.** Jeez

Episode 031

Twenty-six Teen Girls Found Dead in the Mediterranean

지중해에서 26명의 십대 소녀들 시신 발견되다

도대체 무슨 내용일까

난민 문제로 유럽이 골머리를 앓는 가운데, 지중해 연안에서 35구의 시신이 발견되었다. 이 중 26구의 시신은 십대 소녀들인 것으로 알려져 난민 문제의 심각성이 다시 한 번 대두되고 있다. 국제 난민 기구에서는 이들 십대 소녀들이 유럽의 성매매 업체와 관련된 인신 매매단에 의해 살해당했을 가능성을 제기하고 있다. 실제 지중해를 건너 이탈리아로 오는 나이지리아 여성의 80% 이상이 인신매매의 희생자가 된다고 한다. 더욱 놀라운 건 유럽에 도착한 난민이 한 해에 15만 이상인데, 이 중 약 3,000명은 새로운 삶을 시작도 하기 전에 사망한다는 사실이다.

Words & Phrases

- **be meant to+동사** …하기로 되어 있다
- **hooker** 매춘부
- **Mediterranean Sea** 지중해
- **carry out** 실행[실시]하다
- **autopsy** 부검
- **beast** 야수
- **torture** 고문하다

- **refugee** 난민
- **overthrow** 전복하다 *overthrow a government 정부를 전복시키다
- **dumb as rocks** 돌처럼 멍청하다
- **prosperous** 번영한
- **cradle** 요람
- **civilization** 문명 *the cradle of an ancient civilization 문명의 요람

1. Dozens of teen girls who were meant to be hookers were found dead in the middle of the Mediterranean Sea. Am I reading this right? Please tell me I read it wrong.

   WORLD **REFUGEE** DAY

   - Sadly, you read it right. Unfortunately that's exactly what happened.

2. carrying out autopsies to check out whether they had been sexually abused or tortured? What kind of beasts did sexually torture teen refugees from Nigeria?
   - Hello, they are beasts. That's what beasts do.
   - Yeah, we call them beasts, not humans, for a reason.

3. Why don't these people try to overthrow their government, instead of risking their lives?
   - like they stand a chance against their military forces.
   - Obviously, you've never heard the saying 'easier said than done', which means you are dumb as rocks.

4. Africa used to be more prosperous than Europe, even the cradle of an ancient civilization. C'mon, Africa, you were great!
   - The simple solution here. Trump takes these refugees and goes to Nigeria and makes their country great again. That's his specialty, right?
   - Dude, you are a real genius!

1

Dozens of teen girls who were meant to be hookers were found dead in the middle of the Mediterranean Sea. Am I reading this right? Please tell me I read it wrong.
  - Sadly, you read it right. Unfortunately that's exactly what happened.

매춘부가 될 운명의 소녀들 수 십 명이 지중해 한 복판에서 사망한 채 발견되었다. 내가 맞게 읽은 거예요? 제발 내가 잘 못 읽었다고 말해주세요.

  ─ 안 됐지만 제대로 읽었어요. 불행히도 정확히 그 일이 일어난 거예요.

○ **be meant to+동사** ···하기로 되어 있다. ···가 될 예정이다.

  ─ Life was never meant to be easy. It is supposed to be hard.
   삶은 결코 쉽지 않은 것이다. 원래 어려운 것이다.

○ **read it right** 그것을 맞게 읽다 ↔ read it wrong 그것을 틀리게 읽다

  여기서 right (맞게, 올바르게)와 wrong (틀리게) 모두 동사를 수식하는 부사

  앞서 'answer wrong 틀리게 대답하다'에서도 부사로 쓰인 wrong이 나왔는데, right 역시 부사로 쓰일 수 있다.

  ─ Am I doing it right? I think I am doing it all wrong.
   내가 제대로 하고 있나요? 완전히 잘못하고 있는 것 같아요.

2

carrying out autopsies to check out whether they had
been sexually abused or tortured? What kind of beasts did
sexually torture teen refugees from Nigeria?
- Hello, they are beasts. That's what beasts do.
- Yeah, we call them beasts, not humans, for a reason.

이들이 성적으로 학대당하거나 고문을 당했는지 여부를 확인하기 위해 부검을 실시한다? 도대체 어떻
게 생겨먹은 짐승들이 나이지리아에서 온 십대 난민들을 성적으로 고문하는 것인가?
- 이보세요, 놈들은 짐승이에요. 짐승들은 원래 그런 짓을 합니다.
- 맞아요. 놈들을 사람이 아닌 짐승이라 부르는 데는 다 이유가 있어요.

✪ **carry out** 실행하다, 실시하다

carry out **autopsies** 부검을 실시하다
carry out **researches** 연구 조사를 실시하다
carry out **a cost analysis** 가격 분석을 실시하다
carry out **a census** 인구 조사를 실시하다

– Two medical examiners carried out the second autopsy on Mike.
　　두 명의 검시관이 마이크에 대한 두 번째 부검을 실시했다.

댓글은 carrying out~으로 문장을 시작하고 있는데, 이는 기사 일부를 그대로 옮겼기
때문이다. 원래는 They are carrying out~?이다.

☯ **whether or not** …인지 아닌지
– The coroner carried out autopsies to check out whether or not they had
been sexually abused or tortured.
　　그들이 성적인 학대나 고문을 당했는지 여부를 확인하기 위해 검시관이 부검을 실시했다.

– Find out whether your number is odd or not.
　　네 숫자가 홀수인지 아닌지 확인하라.

☯ **we call them ~ for a reason = we don't call them ~ for nothing**
우리가 그들을 …라 부르는 데는 이유가 있다. 괜히 그들을 …라 부르는 게 아니다.

– We call dogs man's best friend for a reason.
　　우리가 개를 사람에게 최고의 친구라고 부르는 데에는 이유가 있다.

– I don't call him a dum-dum for nothing. He can't do anything right.
　　내가 그를 괜히 멍텅구리라 부르는 게 아니다. 그는 제대로 할 수 있는 게 없다.

3

Why don't these people try to overthrow their government, instead of risking their lives?
- like they stand a chance against their military forces.
- Obviously, you've never heard the saying 'easier said than done', which means you are dumb as rocks.

왜 이 사람들은 생명의 위험을 감수하는 대신, 정부를 전복시키려 노력하지 않나?
- 군대에 맞서 싸울 가능성이 있기나 해야 말이지
- '말이야 쉽지'라는 속담도 못 들어 본 게 분명하네. 이 말은, 당신이 돌덩이만큼 멍청하다는 뜻이야.

● **risk** 위험을 감수하다 **risk one's life** 생명의 위험을 감수하다

A: If you take this road, you will most likely meet wild animals.
이 길로 가면 야생 동물을 만날 가능성이 아주 높아.

B: I'll risk it. It may not be safe, but it will take me shorter time.
위험을 감수하겠어. 안전하지 않을지 모르지만 시간이 덜 걸려.

● **stand a chance** 기회(가능성)가 있다

댓글에서 like they stand a chance against military forces의 의미는, 이들에게 마치 군대에 맞설 기회가 있는 것처럼 말한다. 즉 '기회/가능성 자체가 없는데 무슨 말이냐'는 뜻이다.

이렇게 like (마치 …인 것처럼)는 단어 그대로의 의미가 아닌, 비웃거나 빈정대는 반대의 의미로 종종 쓰인다. 앞의 댓글에서도 like US prisons treat them like state guests라는 표현이 나왔는데, '마치 미국 감옥에서 그들을 국빈 대접하는 것처럼'이라는 표면적 의미와는 반대로 실제로는 그렇지 않다는 뜻이었다.

● **dumb as** a rock[as rocks] 바위처럼 멍청한, *dumb as~ …처럼 멍청한

dumb as a doorknob 문고리처럼 멍청한

dumb as a brick 벽돌처럼 멍청한

dumb as a post 기둥처럼 멍청한

dumb as a bag of hammers 망치 한 자루처럼 멍청한

대단히 친한 사이가 아니라면 상당히 무례한 표현이 될 수 있다. 댓글이니 망정이지, 만약 대면한 상태에서 이런 식으로 말한다면 싸움을 거는 것과 다름이 없다.

4

Africa used to be more prosperous than Europe, even the cradle of an ancient civilization. C'mon, Africa, you were great!
- The simple solution here. Trump takes these refugees and goes to Nigeria and makes their country great again. That's his specialty, right?
- Dude, you are a real genius!

아프리카는 유럽보다 번영했었고, 심지어 고대 문명의 발상지였는데. 아프리카, 왜 그러세요. 위대했잖아요!
　- 간단한 해결책이 있다. 트럼프가 이 난민들을 데리고 나이지리아로 가서 그들 국가를 다시 위대하게 만드는 것이다. 그게 트럼프의 전공이니까.
　- 당신은 진정한 천재입니다!

● used to+동사 원형 　…이곤 했다, 전에 …이었다
　- He used to be my boyfriend, but not any more.
　　그는 전에 남자친구였지만 더 이상은 아니다.
　- I used to drink every night. Thanks to that, now I have a stomach ulcer.
　　전에 매일 밤마다 술을 마셨다. 덕분에 지금 위궤양이 생겼다.

● 첫 번째 댓글은, 앞선 댓글에 'you were great' 라는 표현이 나왔기 때문에, 트럼프의 대선 슬로건 'Make America Great Again 미국을 다시 위대하게'를 인용해서 반 난민 정책을 펴는 트럼프를 비난하고 비웃기 위해 쓴 것 같다.

🔗 SNS 시대필수, 영어로 댓글 써보자!

1 So sad. All lives _____ be hard, but their lives were way too hard. 너무 슬프다. 모든 삶은 원래 힘들게 되어있지만, 이들의 삶은 유난히 더 힘들었다.

2 These poor girls didn't _____ of surviving.
불쌍한 이 소녀들은 살아남을 기회가 없었다.

3 They are called human traffickers _____. They sell girls for money. 이들이 인신매매업자라고 불리는 데는 이유가 있다. 그들은 소녀들을 돈 받고 판다.

[정답] 1. are meant to　2. stand a chance　3. for a reason

Seven Signs That You May Be a Sociopath

당신이 반사회적 인격 장애인일 수도 있는 일곱 가지 징후

도대체 무슨 내용일까

· · ·

강박적으로 계속되는 거짓말, 감정적인 공감 능력 부족, 자기도취, 부주의하고 무모한 행동, 분노, 남을 자신의 뜻에 따라 통제하려는 성향, 그리고 이런 특징들로 인해 주변에 오래 된 친구가 없어 항상 익숙한 사람들보다 새로운 사람들이 주위에 더 많다면, 반사회적 인격 장애인일 지도 모른다는데, 댓글을 통해 건강 관련 기사가 어떻게 정치적인 논쟁으로 번지는지 살펴보는 것도 흥미롭다.

Words & Phrases

☐ **typical** 전형적인

☐ **well-known** 잘 알려진

☐ **compulsive** 강박적인

☐ **liar** 거짓말쟁이 *lie 거짓말하다

☐ **personification** 화신, 의인화

☐ **narcissism** 자기도취, 자아도취, 나르시시즘

☐ **manipulation** 조작, 교묘한 처리
　*manipulate 조작하다, manipulative (교묘하게 사람, 사물 등) 조작하는, 조종하는

☐ **based on~** …에 기초한

☐ **define** 정의하다

☐ **frequently** 자주, 종종

☐ **to a T** 정확히, 딱 맞는

1. How could you say someone is a sociopath based on a few sentences?

2. No way you can define humans' mental conditions in just 7 sentences.

3. Now I understand why all democrats are acting like sociopaths.
   - They act like sociopaths because they are ones.
   - Odd. I think all republicans are showing every one of those signs.
   - How in the world do you think republicans are sociopaths? They are conservative.
   - Well, first of all, they support Trump who is a classic sociopath. Trump is a well-known compulsive liar and the personification of narcissism.
   - not to mention his life is all about manipulation.
   - like Hillary is far from being a liar. ha ha
   - All right. So we Americans are all sociopaths. Happy?

4. Calling someone something is easy, but gotta be very cautious.
   - True. My brother lies frequently, doesn't have many friends, thinks he is handsome and pretty manipulative… but he has never hurt people.
   - Sounds like your bro is a serious sociopath.
   - Give him time. He will.

5. Wow, these 7 signs fit my stepmom to a T. Not surprisingly she killed my dad.
   - um… you reported that to the police, right?

1

How could you say someone is a sociopath based on a few sentences?
어떻게 몇 문장을 기초로 누군가 반사회적 인격 장애라고 단정할 수 있나?

- **based on~** …에 기초한, …를 토대로 한
  - What I am looking for is books based on true stories.
    내가 찾고 있는 건 실제 이야기를 기초로 한 책이다.
  - Judging people based on your previous experience is not always right.
    이전 경험에 기초해서 사람들을 판단하는 게 항상 옳은 건 아니다.

2

No way you can define humans' mental conditions in just 7 sentences.
7문장만으로 인간의 정신 상태를 규정할 수는 없다.

- **(There is) No way~** …하면 안 된다, 할 수 없다
  - No way I can live without my cell phone.
    휴대 전화 없이 살 수는 없다.

- **define** 정의하다, 규정하다
  댓글에서 define은 '정신 상태를 정의하다', 즉 '진단하다'의 의미로 쓰였다. There's no way you can diagnose a person's mental condition using just 7 sentences.
  사전적인 의미의 정의를 뜻하기도 하고, 어떤 단어나 표현의 문맥상 의미를 물을 때도 쓰인다.

  A: He's rich? Rich rich or above-average rich? Define rich.
    부자라니. 진짜 부자, 아니면 평균 이상 부자? 부자를 정의해봐.
  B: Having-a-yacht-and-a-private-jet rich.
    요트와 개인 전용기를 가진 정도의 부자야.

3

Now I understand why all democrats are acting like sociopaths.
- They act like sociopaths because they are ones.
- Odd. I think all republicans are showing every one of those signs.
- How in the world do you think republicans are sociopaths? They are conservative.
- Well, first of all, they support Trump who is a classic sociopath. Trump is a well-known compulsive liar and the personification of narcissism.
- not to mention his life is all about manipulation.
- like Hillary is far from being a liar. ha ha
- All right. So we Americans are all sociopaths. Happy?

이제야 왜 모든 민주당원들이 반사회적 인격 장애자처럼 행동하는지 알겠군.
  - 그들이 반사회적 인격 장애자처럼 행동하는 건 그들이 반사회적 인격 장애자이기 때문이다.
  - 이상하네, 나는 모든 공화당원들이 이 모든 징후를 하나하나 다 보인다고 생각했는데.
  - 도대체 어떻게 공화당원들이 반사회적 인격 장애라고 생각할 수가 있나? 그들은 보수적이라고.
  - 일단, 그들(공화당원들)은 트럼프를 지지하는데, 트럼프가 전형적인 반사회적 인격 장애이다. 트럼프는 잘 알려진 강박적 거짓말쟁이이고 자기도취의 화신이다.
  - 그의 삶 자체가 조작이라는 건 말할 필요도 없고
  - 힐러리는 전혀 거짓말쟁이가 아니고? 하하
  - 알았다. 우리 미국인들은 죄다 반사회 인격 장애이다. 이제 됐냐?

❍ **first of all** 우선, 첫 번째로

second of all 두 번째로   **third of all** 세 번째로   **most of all** 그 중에서도, 무엇보다도

- First of all, I would like to say I'm truly sorry for breaking your new phone.
  우선, 너의 새 전화기를 깨뜨려서 진심으로 미안하다는 말을 하고 싶어.

- Second of all, I don't have money to buy you a new phone.
  두 번째로는 너에게 새 전화기를 사줄 돈은 없다.

❍ **personification** (특정 부분, 자질의) 화신

댓글에서 'personification of narcissism 자아도취의 화신'이라 쓴 것은 아마도 'He has a narcissistic personality. 그는 자아도취적 성격이다'의 의미를 좀 더 강하게 표현하려는 의도로 보인다.

personification of **love** 사랑의 화신
personification of **wisdom** 지혜의 화신
personification of **death** 죽음의 화신

- Wanted to exterminate people whom he considered undesirable? Is he the personification of **evil or what?**
  싫은 사람들은 멸절시키고 싶다니! 그가 악의 화신이 아니면 뭔란 말인가!

○ **be all about** 모조리 …에 관한 것이다. 즉 …로 점철되어 있다
- **His life** is all about **money.** 그의 삶은 돈이 전부이다.

○ **be far from ~ing** …와는 거리가 멀다. 전혀 아니다
- **She** is far from being **a lair.** 그녀는 절대 거짓말쟁이가 아니다
  = definitely not a liar

○ **like Hillary is far from being a liar**
  앞에서도 나왔듯이 이 대댓글을 단 사람은 역시 like를 써서 단어 그대로의 의미, 즉 '힐러리가 거짓말쟁이와 거리가 먼 것처럼'과는 반대의 뜻을 전하고자 반어적으로 표현했다. 댓글의 진짜 의미는 진보 민주당의 힐러리 역시 보수 공화당의 트럼프처럼 거짓말쟁이라는 빈정거림이다.

4

Calling someone something is easy, but gotta be very cautious.
- True. My brother lies frequently, doesn't have many friends, thinks he is handsome and he is pretty manipulative... but he has never hurt people.
- Sounds like your bro is a serious sociopath.
- Give him time. He will.

누군가를 뭐라 부르는 건 쉽지만 굉장히 신중해야 한다.
- 맞아. 우리 오빠는 자주 거짓말을 하고 친구가 많지 않고 자신이 잘생겼다고 생각하고 꽤나 남을 조종하려 들지만, 다른 사람들을 해친 적은 없다.
- 너네 오빠 심각한 반사회적 인격 장애자 같다.
- 좀 기다려 보면 그럴 것이다.

○ 과거, 과거분사 형태가 동일한 동사
  hurt(다치게 하다) put(놓다, 두다) bust(부수다, 붙잡다) cost(값이 얼마 들다) cut(자르다) cast(캐스팅하다, 드리우다) let(…하도록 두다, 시키다) set(두다, 고정하다) shut(닫다) thrust(밀다, 찌르다)

○ **give time** 시간을 주다
- Give him time. He will. = If you give him time, **he will hurt people.**
  그에게 시간을 주면 (시간을 두고 지켜보면) 그는 사람들을 해칠 것이다.
- Give me some time to **think. I need some time to think it over.**
  생각할 시간을 좀 주십시오. 찬찬히 생각해볼 시간이 필요합니다.

⑤

Wow, these 7 signs fit my stepmom to a T. Not surprisingly she killed my dad.
- um... you reported that to the police, right?

우와, 이 7가지 징후가 내 새 엄마랑 자로 잰 듯 딱 맞네. 새엄마가 아빠를 죽인 건 당연하네.
- 어… 그거 경찰에 신고 했지요?

○ **to a T** 자로 잰 듯 정확히, 딱 맞게 (= down to a T)
- Your description fit him to a T. 너의 묘사와 그 남자가 딱 맞는다.
- Those pink pants suit you to a T. You should buy them.
  저 분홍 바지가 너에게 딱 어울린다. 너 저거 꼭 사야 해.

○ **report something to the police** 경찰에 신고하다
- The moment I saw him, I called 911 to report him to the police.
  그를 본 순간, 경찰에 신고하려고 911에 전화를 했다.

✦ SNS 시대필수, 영어로 댓글 써보자!

1 There is _____ you can call someone a sociopath just because that person has no new friend.
누가 새 친구가 없다고 해서 그를 반사회적 인격 장애자라고 부를 수는 없다.

2 This article is lame. _____, most people exhibit those signs.
이 기사는 완전 구리다. 우선 대부분의 사람들이 저런 양상을 보인다.

3 Those signs fit me _____ but I am not a sociopath. Or... am I?
저 징후들은 나랑 완전 딱 맞지만 나는 반사회적 인격 장애가 아니다. 아니면… 나도 혹시?

[정답] **1.** no way **2.** First of all **3.** to a T

Mom Kept HIV a Secret And Her Whole Family Tested Positive

HIV 보균 사실을 숨긴 어머니, 가족 모두 HIV 양성 판정 받다

도대체 무슨 내용일까

• • •

우간다에서 세 자녀를 둔 어머니가 누워 움직이지도 못하는데도 병원에 가기를 거부했다. 병원 치료를 거부하는 이유는 에이즈 환자이기 때문이었다. 어머니는 오래 전에 HIV 양성임을 판정받았지만 약이 너무 크고 삼키기 힘들어서 약물 치료를 받지 않았으며, 이를 숨긴 채 결혼해서 자녀를 낳은 것이다. 어머니의 충격적인 고백 후, 가족들 모두 검사를 받았는데, 남편과 십대의 세 딸 모두 HIV 양성 판정을 받았다. 우간다에서 심심치 않게 볼 수 있는 비극적인 가정사라고 하는데, 아프리카의 에이즈 확산 문제에 대한 미국인들의 생각을 읽어보자.

 Words & Phrases

☐ **consume** 섭취하다, 소비하다

☐ **stupidity** 멍청함 *stupid 멍청한

☐ **incurable** 불치의, 치료가 불가능한
　opp. curable

☐ **extremely** 극도로, 매우

☐ **selfish** 이기적인

☐ **bedridden** 침대에서 일어나지 못하는

☐ **expose** 드러내다, 노출시키다(to)
　*exposure 노출

☐ **legally** 합법적으로

☐ **stigma** 오명

☐ **decade** 십년 *for decades 수 십년 간

☐ **bigot** 편견이 아주 심한 사람, 편협한 사람

☐ **homophobe** 동성애 공포증이 있는 사람
　*homophobia 동성애 공포증

1. She could have gotten drugs for free but she didn't take them because they were too big and difficult to consume? She should have been treated for her stupidity first.
   - Sadly, it's incurable.

2. This mother was not only ignorant but also extremely selfish.
   - Another incurable disease is selfishness.

3. Even though she was bedridden, she was kicked out of her house when she told them the truth. Maybe she had no choice but to kept her mouth shut.

4. Why all the fuss? In California, it isn't a crime to expose people to HIV. They can get people killed legally.
   - Seriously?
   - Liberal jerks in California changed the law.
   - What the heck! Now passing HIV to people is not a big deal?
   - What were you thinking, California!

5. Who cares? We Americans do the same thing all the time.

6. People with HIV face a stigma and that sucks. I know 'cause I have lived with HIV for decades.
   - You are one of those people who passes it around secretly.
   - Probably you are liberal, homosexual, and support human rights.
   - Sounds nice, but in a nutshell, you are a selfish killer.
   - wow… so many homophobes are here. You are bigots, you know that?

1

She could have gotten drugs for free but she didn't take them because they were too big and difficult to consume? She should have been treated for her stupidity first.
  - Sadly, it's incurable.

공짜로 약을 얻을 수 있었지만 복용하기에는 약이 너무 크고 힘들어서 먹지 않았다? 그녀는 멍청함을 우선적으로 치료했어야 했다.
  - 안타깝게도 그건 치료가 불가능합니다.

- ☂ get drugs 약을 얻다 vs. take drugs 약을 복용하다
  - Getting drugs is not difficult. Taking them is.
    약을 구하는 건 어렵지 않다. 복용하는 게 그렇다(어렵다).

- ☂ too ~ to ~ …하기에는 너무 …, 너무 …해서 …할 수 없다
  - The pills are too big to consume.
    알약이 섭취하기에 너무 크다. (너무 커서 섭취할 수 없다)
  - This book is too heavy to carry.
    이 책은 나르기에 너무 무겁다. (무거워서 나를 수 없다)

- ☂ should have+pp …했어야 했지만 하지 않았다
  - She should have been treated. 그녀는 치료받았어야 했지만 받지 않았다
  - She should have taken drugs. 그녀는 약을 먹었어야 했지만 먹지 않았다

2

This mother was not only ignorant but also extremely selfish.
  - Another incurable disease is selfishness.

엄마는 무지할 뿐 아니라 극도로 이기적이었다.
  - 또 다른 불치병이 이기심입니다.

- ☂ not only A but also B A 뿐 아니라 B 역시
  - My answer is not only no but also hell no.
    내 대답은 '싫어'일 뿐 아니라, '우라지게 싫어'야.
  - Not only did she swear at me, but she also threw things at me.
    그녀는 나에게 욕을 했을 뿐 아니라 나에게 물건을 던지기도 했다.

3

Even though she was bedridden, she was kicked out of her house when she told them the truth. Maybe she had no choice but to kept her mouth shut.

침대에서 일어나지도 못하는데 사실을 말했더니 집에서 쫓겨났다. 어쩌면 그녀는 입을 다무는 거 외에 다른 선택권이 없었을지도 모르겠다.

🔄 keep+목적어+형용사[pp] …상태를 유지하다, …상태로 있다
- keep her mouth shut 입을 다문 상태로 있다
- keep the door shut 문을 닫은 상태를 유지하다
- keep the door open 문을 연 상태를 유지하다
- keep your mind alert 경계하는 마음 상태를 유지하다
- keep it clean 그것을 깨끗한 상태로 유지하다

4

Why all the fuss? In California, it isn't a crime to expose people to HIV. They can get people killed legally.
- Seriously?
- Liberal jerks in California changed the law.
- What the heck! Now passing HIV to people is not a big deal?
- What were you thinking, California!

왜 호들갑인지 모르겠다. 캘리포니아에서는 HIV를 사람들에게 노출시키는 게 범죄가 아니다. 그들은 법을 어기지 않고 사람들을 죽게 만들 수 있다.
- 정말로?
- 캘리포니아의 진보주의 머저리들이 법을 바꾸었다.
- 이런 제길! 이제 HIV를 남들에게 옮기는 게 별 일 아니란 건가?
- 캘리포니아, 생각이 있는 거야 없는 거야?

⭕ 2017년, 캘리포니아에서는 자신이 HIV 감염자임을 밝히지 않고 배우자나 연인에게 에이즈를 감염시킬 경우, 중범죄가 아닌 경범죄로 처벌받는 법안이 통과되었다. 자신이 HIV 양성임을 알면서도 이를 알리지 않고 헌혈을 한 사람에게도 동일하게 적용된다. 댓글을 단 사람은 이를 두고 캘리포니아에서는 HIV 바이러스를 옮겨 사람을 죽이는 게

대단한 불법, 즉 중범죄가 아닌데, 가족들에게 HIV 감염을 알리지 않은 건 캘리포니아 상황에 비하면 별 일도 아니라고 말하고 있다.

◔ **expose ~ to~** …를 …에 노출시키다
- If you expose your skin to the sunlight, you will get vitamin D.
  피부를 태양에 노출시키면, 비타민 D를 얻을 수 있다.

◔ **get ~ killed** …를 죽게 하다
- You said they were 'just pranks' but your pranks almost got people killed. 너는 장난이라고 말하지만, 네 장난으로 사람들이 거의 죽을 뻔 했다고.

◔ **What were you thinking?** 무슨 생각을 하고 있었느냐?
야단을 치거나 나무랄 때 '무슨 생각으로 그렇게 행동했느냐, 생각이 있느냐 없느냐'는 비난, 원망의 뜻으로 쓰인다.
- You took your little sister to the pub? What were you thinking?
  여동생을 술집에 데려갔다고? 무슨 생각으로 그런 짓을 한 거야?

5

Who cares? We Americans do the same thing all the time.
누가 신경 쓴다고? 우리 미국인들은 항상 같은 짓을 하고 있는데.

◉ 댓글을 쓴 사람은 미국인들도 HIV를 암암리에 옮긴다고 말하고 있는데, 당연히 이 댓글을 쓴 사람 개인의 의견일 뿐이다.

◔ **Who cares?** 누가 신경 쓰는가? 즉, 아무도 신경 쓰지 않는다
- He did something bad. So what? Who cares? Nobody cares what he does. 그가 나쁜 짓 좀 했어. 그게 뭐? 누가 신경 쓰겠어? 그가 무엇을 하든 아무도 신경 쓰지 않아.

6

People with HIV face a stigma and that sucks. I know 'cause I have lived with HIV for decades.
- You are one of those people who passes it around secretly.
- Probably you are liberal, homosexual, and support human rights.
- Sounds nice, but in a nutshell, you are a selfish killer.
- wow... so many homophobes are here. You are bigots, you know that?

HIV 보유자들은 오명을 쓰고 사는데 참 고약하다. 내가 수 십 년 간 HIV 보균자로 살아서 잘 안다.
- 당신은 이를 비밀리에 주변에 퍼트리는 사람들 중 하나구만.
- 보나마나 당신은 진보주의자, 동성애자이고 또 인권을 옹호하겠네.
- 듣기 좋은 표현들이지만 한 마디로 정리하면 당신은 이기적인 살인자야.
- 우와... 여기 동성애 공포증 환자들 많네. 당신들 엄청 편협하다는 거 알아요?

◔ **face** …에 직면하다, …를 마주하다
face eviction 쫓겨날 처지이다, 퇴거에 직면하다

face **threats** 위협에 직면하다
face **discrimination** 차별에 직면하다
face **the death penalty** 사형에 직면하다
face **a harsh reality** 가혹한 현실에 직면하다

- All of the villagers face eviction from their
  hometown where they have lived for decades.
  마을 주민 전부는 수 십 년 간 살아온 고향에서 쫓겨날 위기에 직면했다.

⭕ **one of those people who~** …하는 사람들 중 하나(one of+복수명사)

- He is one of those Republicans who **supports Trump.**
  그는 트럼프를 지지하는 공화당원들 중 하나이다. (Republican, Liberal 등도 첫 자는 대문자)

- This one is one of the many apples that **I harvested.**
  이것은 내가 추수한 수많은 사과들 중 하나이다.

⭕ **in a nutshell** 간단히 말하면, 한 마디로 말하면

= in short, in summary, to make a long story short

*in other words 다른 표현을 쓰면, 다르게 말하면

So you want to date a lady who has money, brains and a killer body even
though you don't have any of those… in a nutshell, you want to be single,
right?

그러니까 너는 전혀 갖춘 게 없지만 돈과 머리, 몸매가 좋은 여성과
데이트하고 싶다는 건데… 한 마디로 싱글이고 싶다, 그거네.

☍ **SNS 시대필수, 영어로 댓글 써보자!**

1 She _____ them into pieces. They would have been
much easier to swallow.

약을 조각내서 잘랐어야 했다. 그럼 삼키기가 훨씬 수월했을 것이다.

2 Even when she was sick, she refused to go to the hospital and
_____ her mouth _____? What a stubborn woman!

아픈데도 병원에 가기를 거부하며 입을 다물었다고? 정말 고집 센 여자군!

3 She didn't look evil, but she was _____ people who
spreads a fatal disease.

그녀는 사악해보이지 않지만, 치명적인 질병을 퍼트리는 사람들 중 한 명이었다.

[정답] **1.** should have chopped **2.** kept, shut **3.** one of those